뉴요커의 일상 브이로그 영어 회화

1○○%

HOTEL
SHOPPING
TRANSPORTATION
RESTAURANT

뉴욕현지
리얼리티
영어

Basic
English

📹 DARAKWON

100% 뉴욕 현지 리얼리티 영어 Basic English

지은이 다락원 영어 콘텐츠팀
펴낸이 정규도
펴낸곳 ㈜다락원

초판 1쇄 발행 2020년 2월 20일
초판 4쇄 발행 2024년 8월 19일

편집 김지은, 김영실, 정계영
디자인 유수정, 최지영
전산 편집 엘림

DARAKWON 경기도 파주시 문발로 211
내용문의: (02)736-2031 내선 328
구입문의: (02)736-2031 내선 266~269
Fax: (02)732-2037
출판등록 1977년 9월 16일 제406-2008-000007호

ISBN 978-89-277-0122-4 14740
     978-89-277-0121-7(세트)

http://www.darakwon.co.kr
다락원 홈페이지를 방문하시면 상세한 출판 정보와 함께 여러 도서의 동영상 강좌, MP3 자료 등 다양한 어학 정보를 얻으실 수 있습니다.

매일매일 보고 싶은 진짜 영어, 뉴욕 현지 리얼리티 영어

100% 뉴욕 현지 리얼리티 영어는 어떤 시리즈인가요?

이 시리즈는 뉴요커들의 현지 일상이 담긴 100% 리얼리티 영어 브이로그입니다. 대한민국 성인 학습자들이 가장 궁금해 하는 주제를 모아 브이로그 형식으로 구성했습니다. 대본 없이 진행되는 100% 리얼리티 뉴요커의 일상을 담아 영어의 리얼함을 느낄 수 있고 낯선 듯 익숙한 뉴요커의 일상이 매력적으로 다가올 것입니다.

100% 뉴욕 현지 리얼리티 영어로 배우면 어떤 점이 좋을까요?

뉴욕타임즈나 영어 연설을 보면서 고급 영어를 배울 수는 있습니다. 하지만 일생생활에서 항상 그런 격식 있는(formal) 영어를 사용하는 건 아닙니다. 현실의 영어는 훨씬 폭넓고 다양합니다. 그래서 영어를 배울 때 다양한 소스로 배우는 게 중요합니다. 브이로그는 일상생활의 모습을 그대로 담고 있고 다양한 주제들로 제작된 것들이 많기 때문에 영어회화를 배울 때 탁월한 방법입니다. 특히 미국인들이 많이 쓰는 쉽고 간단한 기초 회화부터 중급 회화까지 실제 현지인들이 쓰는 구어 표현을 익힐 수 있습니다.

또한, 브이로그에서는 다양한 사람들과 만나고 소통한 내용을 그대로 담고 있습니다. 실제 상황에서 상대방과 대화할 때 어떻게 상호작용(interactive)하는지 언어의 모습을 그대로 느낄 수 있고, 원어민들이 자연스럽게 발화하는 속도나 표현을 배울 수 있습니다. 브이로그에 나오는 상황을 직관적으로 이해할 수 있어서 정중한 표현, 공손한 표현, 캐주얼한 표현 등을 익혀 적재적소에 활용할 수 있습니다.

이런 언어적인 단서뿐만 아니라 영상만 봐도 어떤 상황인지 파악할 수 있으며 표정이나 제스처도 고스란히 느낄 수 있습니다. 이런 비언어적인 단서들은 상황을 더 잘 이해하고 메시지에 집중할 수 있도록 도와줍니다. 영어 환경에 직접 노출되어 있지 않은 상황이라면 브이로그는 실제 언어가 쓰이는 상황에 노출을 시켜주기 때문에 영어 회화를 쓸모 있게 배울 수 있습니다.

100% 뉴욕 현지 리얼리티 영어 시리즈를 통해 리얼한 영어를 느껴보세요. 그리고 계속해서 나의 취미, 나와 맞는 브이로그를 꾸준히 발견하면서 세계와 소통하는 영어의 재미에 푹 빠져보세요. 어느 날 좋아하는 브이로거에 코멘트를 달고, 직접 영어로 브이로그를 만드는 날이 올지도 모르니까요.

그럼 진짜 영어를 만나는 **100% 뉴욕 현지 리얼리티 영어**를 시작해 볼까요?

목 차

**100% 뉴욕 현지 리얼리티 영어
내 것으로 만드는 학습법**

이 책은 앞에서부터 차례대로 봐도 되고 관심이 가는 토픽부터 골라봐도 상관없습니다. 하지만 한번에 몰아서 드문드문 하는 것보다는 매일 일정한 시간을 정해 놓고 꾸준히 하는 것을 권장합니다.

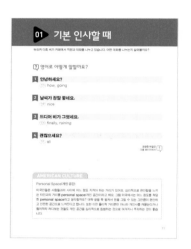

1 영어로 어떻게 말할까요?

스스로 영어 문장을 만들어 보는 연습이 필요합니다. 힌트에 나온 단어를 활용하여 최대한 스스로 먼저 만들어 보세요. 한 번 스스로 유추해보면 그 문장은 더 오래 기억에 남습니다. 무엇보다 눈으로 보는 것은 회화 실력 향상에 큰 도움이 안 됩니다. 꼭 열심히 입을 움직여서 여러 번 말해 봐야 합니다.

2 CORE SENTENCES

앞서 유추했던 한국어 문장의 자연스러운 영어 표현을 배웁니다. 문장의 의미를 파악하고 나면 이를 응용하여 단어를 바꿔보면서 자신만의 문장을 만들어볼 수 있습니다. 비슷한 표현이나 추가 표현을 자세히 익혀 실제 회화 실력을 키울 수 있습니다.

3 REAL SITUATION in NEW YORK

CORE SENTENCES에서 배운 문장이 대화에서 어떻게 활용되는지 확인합니다. 상황의 맥락을 통해 언어를 이해하는 게 중요하므로 전체 대화문은 상황을 이해하는 정도로 파악하세요. 꼭 다 암기해야 한다는 부담감은 잠시 내려 두세요.

4 AMERICAN CULTURE

토픽과 관련 있는 미국 문화를 배울 수 있습니다. 미국인의 고유한 사고 방식이나 가치관, 미국 사회의 다양성 등 문화를 알면 영어가 살아있는 언어로 다가옵니다.

부록

전체 대화문 MP3 Files

모든 과의 전체 대화문을 MP3 음원으로 제공합니다. MP3 음원은 옆의 QR코드를 스마트폰으로 찍어서 바로 들을 수도 있고, 다락원 홈페이지(darakwon.co.kr)에서 무료로 다운받을 수 있습니다.

▶ **Real English in New York**

100%
뉴욕 현지
리얼리티 영어

 **LET'S START**

01 ▶ 기본 인사할 때

뉴요커 다희 씨가 카페에서 직원과 대화를 나누고 있습니다. 어떤 대화를 나누는지 살펴볼까요?

?⃞ 영어로 어떻게 말할까요?

1 안녕하세요?

(힌트) how, going

2 날씨가 정말 좋네요.

(힌트) nice

3 드디어 비가 그쳤네요.

(힌트) finally, raining

4 괜찮으세요?

(힌트) all

궁금증 해결은
다음 페이지에서 !⃞

AMERICAN CULTURE

Personal Space(개인 공간)

미국인들은 사람들과의 사이에 어느 정도 지켜야 하는 거리가 있어요. 심리적으로 편안함을 느끼는 타인과의 거리를 personal space(개인 공간)이라고 해요. 그럼 미국에서는 어느 정도를 적당한 personal space라고 생각할까요? 대략 팔을 쫙 펼쳐서 원을 그릴 수 있는 그만큼이 편안하고 안전한 공간으로 느껴진다고 합니다. 또한 이런 물리적 거리뿐만 아니라 개인사를 캐묻는다거나 뚫어져라 쳐다보는 것도 개인 공간을 심리적으로 침범하는 것으로 여겨지니 주의하는 것이 좋습니다.

11

CORE SENTENCES

영어 표현에 관한 궁금증을 해결해 볼까요?

 1

안녕하세요?
How's it going?

영미권에서는 처음 보는 사이에도 상대방의 안부를 물어보는 게 자연스러운 일입니다. **Hi**는 일반적으로 사용할 수 있고, **Hello**보다는 친숙한 표현입니다. 처음 보는 사이라면 인사 후에 **Nice to see you.**, 오랜만에 만난 지인에게는 **Long time no see.**라고 합니다.

가까운 사이에서 쓰는 인사 표현 (**informal**)
What's up? = How's it going? = How are you doing?

거리가 있는 관계 (**very formal**)
How do you do? (★ 요즘에는 많이 쓰지 않아요.)

➕ 추가표현

How's it going?이나 **How are you?**라고 상대방이 물어본다면 **Good.**이라고 간단히 말해 보세요. 가장 일반적인 응답 표현입니다. 이외에도 아래와 같은 표현으로 말해도 됩니다.
I'm pretty good. / I'm doing great. / Nice.

2

날씨가 정말 좋네요.
The weather's so nice.

인사에 대답한 후 날씨에 대해 간단히 언급하는데요. **The weather's so nice.**는 날씨가 좋다는 의미입니다.

➕ 추가표현

날씨를 언급할 때 다음과 같은 표현들을 쓸 수 있어요.
It is so beautiful and warm.
날씨가 진짜 좋고 따뜻해요.

It's raining. I hope it will stop soon.
비가 와요. 빨리 그쳤으면 좋겠어요.

그렇죠. 드디어 비가 그쳤네요.
It is. It's finally stopped raining.

한국어로 '그렇죠. 그래요.'라는 표현이 있습니다. 상대방이 한 말에 호응할 때 쓸 수 있는 표현입니다. 하지만 영어에서는 앞서 말한 주어와 동사에 따라 같은 의미여도 표현이 달라집니다. 여기에서는 '날씨가 정말 좋네요.'라는 말에 대한 호응이므로 **It is.**라고 말합니다.

It's finally stopped raining.에서 **It's**는 **It has**의 축약형입니다.

has stopped는 '오랜 시간 계속 되던 일이 끝났다'라는 뜻입니다. **finally**는 '마침내'라는 의미를 나타내기 때문에 오랜 기간 끝에 어떤 일이 마침내 이루어졌다는 의미가 있어 주로 **have[has]**+과거분사 형태로 씁니다.

괜찮으세요?
Is that all right?

Is that all right은 '괜찮으세요?'라는 의미로 상대방에게 어떤 일에 대한 의향을 물어볼 때 씁니다. 일상회화에서 자주 들을 수 있는 표현이에요. 이때 **all right**은 **OK.**와 같은 뜻이에요. **all right** 이외에 **alright**로 쓰기도 하는데 일부 사람들은 이 표기가 정식 표기가 아니라고 생각하지만 많은 원어민들은 두 가지 표기법을 혼용해서 쓰고 있어요.

➕ 추가 표현

That's all right.은 누군가가 사과를 했을 때 '괜찮아요'라는 의미로 상대방에게 괜찮으니 신경 쓰지 말라고 하는 말이에요. **Please don't worry.**라고 하기도 해요.
A: I'm sorry. 제가 미안해요.
B: That's all right. 괜찮아요.

REAL SITUATION in NEW YORK

🎧 01. mp3

뉴요커 다희 씨가 카페 직원과 나누는 대화 내용입니다. 앞에서 배웠던 표현을 확인해 보세요!

Dahee	**1** 안녕하세요?
Staff	Good. How are you?
Dahee	**2** 네. 날씨가 정말 좋네요.
Staff	**3** 그러게요. 드디어 비가 그쳤어요.
Dahee	Oh, yeah. Um... could I just get an iced mint tea?
Staff	Sure.
Dahee	Thank you.
Staff	Iced mint tea. It takes about 3 minutes for it to steep, because we do it by the cup. **4** 괜찮으세요?
Dahee	Yeah.

다희	**1** Hi, how's it going?
직원	네. 안녕하세요?
다희	**2** Good. The weather's so nice.
직원	**3** It is. It's finally stopped raining.
다희	네, 그렇네요. 음… 아이스 민트 티 한 잔 주시겠어요?
직원	알겠습니다.
다희	감사합니다.
직원	아이스 민트 티요. 차를 우리는 데 약 3분 정도 걸려요, 왜냐하면 컵에 우려야 하거든요. **4** Is that all right?
다희	네.

| WORDS |

finally 마침내
take (시간이) 걸리다
stop -ing 멈추다, 그치다
steep (차 등)을 우리다
iced 얼음을 넣은 (*cf.* ice 얼음)

14

02 ▶ 헤어질 때

뉴요커 다희 씨가 친구와 헤어지려고 하고 있습니다. 어떤 대화를 나누고 있는지 살펴볼까요?

⟨?⟩ 영어로 어떻게 말할까요?

공감을 나타내며

1 그러게.

힌트 know

시간을 확인한 후

2 수업 가야 하네.

힌트 gotta, class

3 그런데 같이 놀아서 재밌었어.

힌트 good, hang out

4 나중에 봐.

힌트 catch

궁금증 해결은
다음 페이지에서 ⟨!⟩

AMERICAN CULTURE

Small Talk(작은 이야기)

Small Talk은 상대방과 잠깐 동안 나누는 작은 이야기를 말하는데요. 보통 잡담이라고 합니다. 자연스럽게 인사로 시작해서 날씨와 같이 소소한 이야기를 나누지만 어색하고 불편한 관계를 좁혀 주고, 정보를 교환하고, 자신의 매력을 표현하는 역할을 하기 때문에 대화를 나눌 때 중요한 역할을 합니다. 누구를 만나든 대화를 할 수 있도록 평소 다양한 분야에 관심을 갖고 표현을 미리 정리해 두거나, 내가 관심 있는 것들에 대해 나만의 생각을 정리하는 습관을 들여보세요.

CORE SENTENCES

영어 표현에 관한 궁금증을 해결해 볼까요?

1

그러게.

I know.

I know.는 '나도 그래'라는 의미로 상대방의 말에 공감할 때 자주 씁니다. 이와 비슷한 표현으로 아래와 같은 것들이 있습니다.

I know. = Me, too. = So do I.

A: She is so awesome. 그녀는 정말 멋있어요.
B: I know. She's amazing. 그러게. 정말 놀라워요.

2

방금 시간 봤는데, 수업 가야 하네

I just checked the time,
I gotta go to class.

---

check the time은 '시간을 확인하다'라는 의미예요. **gotta**는 **got to**의 구어적인 표현이에요. 원래는 **have got to['ve gotta]**인데 일상대화에서 **have**를 생략해서 쓰지만 문법적으로 맞지는 않아요. 문맥에 따라 '~해야만 한다(**have to**)' 혹은 '~임에 틀림없다(**must**)'라는 뜻으로 쓰여요.

다음은 **gotta**가 **have to**의 의미로 쓰인 경우입니다.
I've gotta go home.
저는 지금 집에 가야만 해요.

다음은 **gotta**가 **must**의 의미로 쓰인 경우입니다.
You've gotta be kidding me?
지금 농담하시는 거죠?

3

근데 같이 놀아서 너무 재밌었어. 완전 좋았어.

But it was so good to hang out with you. This was so cool.

But은 앞에 나온 내용에 반대되는 말을 할 때 '그러나' 하고 쓰는 접속사이지만, 회화에서는 화제를 전환하는 의미로 '근데'라는 뜻으로도 씁니다. '~이 정말 좋았다'는 **It was so good to ~.**를 써서 말할 수 있어요.

It was so good to _____.

see you again 너를 다시 만나서
talk to you 너랑 얘기해서

cool은 여기서 '재미있는, 멋진'이라는 뜻으로 쓰였어요.
The new movie is really cool. 이 새 영화는 정말 재미있다.

나중에 봐.

4

I'll catch you later.

I'll은 **I will**의 축약형입니다. 헤어질 때 하는 인사말인 **I'll catch you later.**는 '다음에 또 만나.' 또는 '나중에 봐'라는 뜻으로 **I'll see you later.**와 같은 의미입니다. 이와 비슷한 표현을 더 알아볼게요.

See you. = See ya. (informal)
직역하면 '또 보자.'라고 해석할 수 있지만 그냥 헤어질 때 '안녕.' 정도의 느낌입니다.

Have a good day! = Have a good one!
'좋은 하루 보내.'라는 뜻입니다. 친구들끼리도 쓰는 표현이지만 직장이나 상점 등에서도 많이 들을 수 있습니다.

Take care. = Take it easy.
직역하면 '몸 조심해.' 이것도 역시 헤어질 때 많이 쓰는 인사 표현입니다.

It was a pleasure seeing you. (formal)
이 표현은 회사나 공적인 자리에서 할 수 있는 인사말로 '만나서 정말 좋았습니다'라는 뜻입니다.

뉴요커 다희 씨가 친구와 나누는 대화 내용입니다. 앞에서 배웠던 표현을 확인해 보세요!

Dahee	How was it?
Ashley	Amazing. It was so beautiful.
Dahee	**1** 그러게.
Ashley	Oh, you know what? **2** 방금 시간 봤는데, 수업 가야 하네.
Dahee	OK.
Ashley	**3** 근데 같이 놀아서 재밌었어. This was so cool.
Dahee	I know. We should hang out again. Text me. OK?
Ashley	I will.
Dahee	Alright. **4** 나중에 봐.
Ashley	Bye, see ya.

다희	어땠어?
애슐리	대박이었어. 정말 좋았어.
다희	**1** I know.
애슐리	아, 있잖아. **2** I just checked the time, I gotta go to class.
다희	알았어.
애슐리	**3** But it was so good to hang out with you. 완전 좋았어.
다희	그러니까. 우리 또 같이 놀아야지. 문자 해. 알았지?
애슐리	문자 할게.
다희	알았어. **4** I'll catch you later.
애슐리	안녕, 또 봐.

| WORDS |

amazing 놀라운
just 방금

beautiful 기분 좋은
hang out with ~와 어울리다

You know what. 있잖아.
text 문자를 보내다

03 ▶ 감사 인사에 응답할 때

뉴요커 다희 씨가 길에서 지나가는 행인과 대화를 나누고 있습니다. 어떤 대화를 나누는지 살펴볼까요?

[?] 영어로 어떻게 말할까요?

1 고마워요, 은인이에요.
(힌트) lifesaver

고맙다는 인사에 답을 할 때

2 뭘요.
(힌트) welcome

3 고마워요.
(힌트) thank

4 조심하세요.
(힌트) take

궁금증 해결은
다음 페이지에서 [!]

AMERICAN CULTURE

Magic Words(마법의 말)

영어에는 사람들을 소중하게 여기고, 강한 유대감을 만들어 주는 마법과 같은 말이 있습니다. 바로 'Sorry', 'Please', and 'Thank you'가 그것인데요. 이 세 가지 말은 거의 반사적으로 나올 만큼 몸에 배어 있는 것이 미국 문화입니다. 미안하거나 유감일 때는 sorry, 부탁할 때는 please를 사용해 보세요. 그리고 누군가 나를 위해 '문을 열어주거나 잡아준다면 지체없이 'Thank you.'라고 말해 보세요.

CORE SENTENCES

영어 표현에 관한 궁금증을 해결해 볼까요?

1

고마워요, 은인이에요.
Thank you, lifesaver.

'고맙다'라는 **Thank you.** 다음에 '은인'이라는 뜻의 **lifesaver**를 덧붙여 고마움을 강조하고 있어요.
lifesaver는 아주 위급한 상황이나 어려운 상황에서 친구나 상대방이 도와줬을 때 쓸 수 있는 말이에요.

Thank you so much for fixing my computer. You're a real lifesaver!
내 컴퓨터를 고치는데 도와줘서 정말 고마워. 넌 정말 은인이야!

Thank you.처럼 고마움을 표현하는 다양한 표현들이 있습니다.
Thank you. = Thank you so much. = Thanks a lot. (가장 일반적으로 쓰이는 표현)
I really appreciate it. 정말 감사해요.
You shouldn't have. 이러시지 않으셔도 되는데…
I don't know what to say! 무슨 말씀을 드려야 할지…
That's very kind. You're the best. 정말 친절하세요. 최고이십니다.
I owe you one. 신세를 졌네요.

2

여기 소지품이요. 뭘요.
Here's your stuff. You're welcome.

Here is는 '여기 있어요.'라는 뜻인데요, 축약해서 **Here's**로도 쓰여요. 상대방에게 무언가를 주거나 보여주면서 쓸 수 있는 표현입니다.

Here's _____.
    your pen 당신 펜
    your bag 당신 가방
    your book 당신 책

3 천만... 고마워요.
You're... Thank you.

You're 다음에 **welcome**이 생략되었다고 보면 되는데요. **You're welcome.**은 '천만에요'라는 뜻이에요. 상대방이 **Thank you.**라고 했을 때 공손하게 대답할 때 쓰는 짝꿍 표현입니다.

A: Thank you so much for inviting me. 초대해 주셔서 감사해요.
B: You're very welcome! 별말씀을요.

Thank you.에 대한 응답으로 **Thank you.**를 쓸 수 있다는 걸 아시나요? 이 때 **Thank you.**는 **You're welcome.**이라는 뜻입니다.

 추가표현

You're welcome 대신에 쓸 수 있는 다양한 표현들이 있어요.
No problem. = Not a problem. / Sure. / Certainly. / Thank you.   **(informal)**
Don't mention it. = Not at all. / My pleasure.   **(formal)**

4 네, 조심하세요.
Got it. Take care.

got it은 친구나 가족 같이 격의 없는 사이에서 쓰는 표현으로 '알았어요.'라는 뜻이에요. 여기서 **got**은 **understand**와 같은 의미입니다.

You got it? = Do you understand?
Got it. = I got it. = I understand.

Take care.는 가족이나 친구들과 헤어질 때 쓰이는 인사말입니다. 또 '주의해라'라는 의미로도 쓰입니다.

Take care when walking on a slippery road.
길이 미끄러우니 조심하세요.

뉴요커 다희 씨가 길거리에서 나누는 대화 내용입니다. 앞에서 배웠던 표현을 확인해 보세요!

(Situation #1)

Dahee　　Oh, thank you so much.

Passer-by 1　Here you go.

Dahee　　Thank you, **1** 은인이에요. Thank you so much. Thank you.

(Situation #2)

Passer-by 2　Here's your stuff. **2** 뭘요.

Dahee　　Thank you so much.

Passer-by 2　You're... **3** 고마워요.

(Situation #3)

Passer-by 3　Ma'am, ma'am.

Dahee　　Thank you so much.

Passer-by 3　Got it. **4** 조심하세요.

Dahee　　Thank you so much.

Passer-by 3　(Nods)

(상황 #1)

다희　　아, 정말 감사합니다.

행인 1　여기요.

다희　　고마워요, **1** lifesaver. 정말 고맙습니다. 감사해요.

(상황 #2)

행인 2　여기 소지품이요. **2** You're welcome.

다희　　정말 감사합니다.

행인 2　천만… **3** Thank you.

(상황 #3)

행인 3　저기요, 저기요.

다희　　정말 감사드려요.

행인 3　네. **4** Take care.

다희　　정말 고맙습니다.

행인 3　(고개를 끄덕인다)

| WORDS |

Here you go. (건네주면서) 여기요.　　　**stuff** 물건　　　**ma'am** (여성을 정중히 부를 때)~님

22

04 ▶ 엘리베이터 이용할 때

뉴요커 다희 씨가 막 출발하려는 엘리베이터를 잡고 있는데요. 어떤 대화를 나누는지 살펴볼까요?

[?] 영어로 어떻게 말할까요?

1 문 좀 잡아 주시겠어요?

(힌트) hold

2 올라가나요, 내려가나요?

(힌트) go up

3 신경 쓰지 마세요.

(힌트) mind

궁금증 해결은
다음 페이지에서 [!]

AMERICAN CULTURE

Others First(다른 사람 먼저)

공공장소에서 문을 열고 들어갈 때 뒤에 오는 사람이 먼저 지나가도록 문을 잡아 주는 모습을 미국 영화나 드라마에서 본 적이 있을 텐데요. 이렇게 미국에서는 다른 사람을 먼저 배려하는 문화가 있어요. 특히, 남성은 여성이 먼저 지나가도록 배려해 줄 때가 많아요. 이때, **Thank you.**라는 말이 들려 오면 **You're welcome.**이라고 답하는 것 잊지 마세요.

CORE SENTENCES

영어 표현에 관한 궁금증을 해결해 볼까요?

---

1 (엘리베이터) 문 좀 잡아 주시겠어요?

Can you hold the door?

Can you는 '~해주시겠어요?'라는 뜻으로 부탁할 때 자주 써요. 여기에 '문을 잡아달라'는 의미로 **hold the door**를 썼는데요. '잡다'를 나타내는 동사가 많겠지만 '잡은 상태를 유지하다'라는 뉘앙스로 엘리베이터 문이 닫히지 않도록 계속 잡고 있어야 하니까 **hold**를 썼어요. 이 표현을 **Hold the door, please**라고 간단히 말할 수도 있어요.

 추가표현

엘리베이터에서 쓸 수 있는 필수 표현입니다.

Can you hit the fifth floor? 5층 좀 눌러주시겠어요.
Can you step inside? 안으로 들어가주실래요?
After you. (상대방에게) 먼저 타세요.

---

2 올라가나요, 내려가나요?

Is this going up or down?

A인지 B인지 묻는 물을 때 **Is this A or B?**의 패턴을 활용해 간단히 물어볼 수 있어요.

Is this real or fake? 이게 진짜예요, 가짜예요?

Is this going up or down?에서 elevator 대신에 this를 썼는데요. 말을 짧게 해서 조금이라도 엘리베이터에 탄 사람의 시간을 아껴주는 의미도 있습니다.

'올라가나요, 내려가나요'를 물을 때 **go up or down**를 쓰기도 하는데 이 때는 올라가는 것을 먼저 말해야 합니다. 간단히 **Going up?** 하고 끝을 올려 말하면 '올라가시나요?'라는 질문이 돼요. 이 때 '올라가고 있어요'는 **I'm going up.**을 쓰고, '내려가고 있어요'라고 하고 싶다면 **I'm going down.**이라고 하면 됩니다.

24

저는 내려가서요. 신경 쓰지 마세요.

I'm going down. Never mind.

어떤 일을 요청했지만 알고 보니 그럴 필요가 없어진 것을 알았다면 바로 **Never mind.**를 쓰면 됩니다.
우리말의 '신경 쓰지 않으셔도 돼요.' 정도의 의미예요. 여기서는 '먼저 가세요'라는 뉘앙스로 쓰였어요.
이와 비슷한 표현으로 **Don't worry.**가 있는데요. 어떤 일이 생겼을 때 '걱정 마세요.[괜찮아질 거예요.]'
라는 의미로 상황에 따라 해석하시면 되는데요. 예문을 통해 그 차이를 느껴보세요.

Never mind. 신경쓰지 마세요. (요청 한 것은 잊으라고 말할 때)
A: Could you help me find my book? 제가 책을 찾는 것좀 도와 주시겠어요?
B: Never mind. It is in my bag. 신경 쓰지 마세요. 그게 제 가방 안에 있네요.

Don't worry. 걱정하지 마세요. (괜찮을 거라고 말할 때)
A: I'm sorry I broke your phone. 제가 당신 휴대폰을 부순 거 같아요.
B: Don't worry. It was too old. 걱정 마세요. 오래된 거예요.

➕추가 표현

엘레베이터에서 먼저 내려야 할 때 **get off**를 써서 표현합니다. 층이란 표현은 **floor**를 사용해요. 층수
를 말할 때는 차례를 나타내는 서수를 씁니다. (**the first, the second, the third, the fourth, the
fifth...**) **get off**는 버스나 지하철에서 내릴 때도 쓸 수 있어요.

I get off on the fifth floor.
저는 5층에서 내려요.

I get off at the next stop.
저는 다음 정류장에서 내려요.

REAL SITUATION in NEW YORK

04. mp3

뉴요커 다희 씨가 엘리베이터에서 나누는 대화 내용입니다. 앞에서 배웠던 표현을 확인해 보세요!

Dahee **1** 문 좀 잡아 주시겠어요? Sorry. **2** 올라가나요, 내려가나요?

Jay Yeah, going up.

Dahee Sorry. I'm going down. **3** 신경 쓰지 마세요.

Jay I'm good.

다희 **1** Can you hold the door? 죄송해요. **2** Is this going up or down?

제이 네, 올라가요.

다희 미안해요. 저는 내려가서요. **3** Never mind.

제이 괜찮아요.

|WORDS|

go up 올라가다   go down 내려가다

26

안부를 묻고 답할 때

뉴요커 다희 씨가 바에서 오랜만에 친구를 만나고 있습니다. 어떤 대화를 나누는지 살펴볼까요?

[?] 영어로 어떻게 말할까요?

1 근데 너무 피곤해.

(힌트) tired

2 회사지. 어디겠어?

(힌트) where

3 진짜 피곤하겠다.

(힌트) must

4 그래서 아직 적응 중이야.

(힌트) get used to

궁금증 해결은
다음 페이지에서 [!]

AMERICAN CULTURE

Eye Contact(눈 마주치기)

우리와는 다르게 미국에서는 길거리를 걷다가 아니면 건물 안이나 공원 같은 공적인 장소에서 처음 보는 사람일 경우에도 눈을 가볍게 맞추고, 친절하게 **Hi! How are you doing?** 하고 인사하는 게 일반적이에요. 특히 대화를 할 때는 미국에서는 나이에 상관없이 상대방의 눈을 마주보며 이야기하는 것이 매너입니다. 눈을 피한다면 상대방의 말에 주의를 기울이지 않거나 대화에 흥미가 없다고 여겨질 수 있어요. 영어가 조금 부족하다고 해도 상대방의 눈을 보며 대화하세요.

CORE SENTENCES

영어 표현에 관한 궁금증을 해결해 볼까요?

1

잘 지내, 친구! 근데 너무 피곤해.
Good, dude! So tired, though.

dude는 '녀석, 친구'라는 뜻으로 주로 남자들 사이에서 쓰는 표현이에요. **tired**는 '피곤한'이라는 뜻인데 **so**를 써서 강조하고 있어요. 문장 맨 뒤의 **though**는 '그렇지만, 그런데'라는 뜻으로 앞에 나온 말의 반대되는 내용을 말할 때 씁니다. **though**는 문장 끝에 오는 것에 주의하세요.

I think he's from Italy. I'm not sure though.
내 생각에 그는 이탈리아 출신 같아. 하지만 확실하지는 않아.

 추가 표현

안부를 묻는 질문에 **Good.**처럼 긍정적으로 대답하는 다양한 표현들이 있어요.
Great. = Nice. = Fine (thanks).
I'm doing fine. How about you? 좋아요. 당신은 어때요?
Good. And you? 좋아요. 당신은요?

반면에 안부에 대해 부정적으로 말할 때는 다음과 같이 말해요.
Not so good. I'm stressed about my boss. 안 좋아. 상사 때문에 스트레스가 심해.
Not good. 별로 안 좋아.

2

회사지. 어디겠어?
Work. Where else?

이 문장은 **Where did you come from?**(어디서 오는데?)라는 질문에 대한 답으로 쓸 수 있는 표현이에요. 여기서 **else**는 의문사 의문문에 대한 답을 한 다음에 그 답이 유일한 것임을 강조할 때 덧붙여요. 예를 한번 살펴볼게요.

A: What are you doing? 뭐 하고 있었어?
B: I am doing my homework. What else? 숙제하고 있었지, 뭘 하겠어?

진짜 피곤하겠다.

You must be so tired.

친구가 **I'm exhausted.**라고 한 대답에 '너 진짜 피곤하겠다.' 하고 공감을 나타내면서 **You must be so tired.**라고 했는데요. '너 진짜 ~하겠다'처럼 강한 추측을 나타내고 싶을때 **You must be ~.** 패턴을 이용해 말할 수 있어요.

You must be so _____.

> **happy** 행복한
> **angry** 화난

아직 적응 중인데 괜찮아.

I'm still getting used to it, but it's been good.

get used to it은 어떤 상황이 처음에는 낯설었지만 익숙해져 가고 있다, 적응하다는 의미예요. 예를 들어, 미국에 유학을 갔다면 한국과 다르기 때문에 처음에는 매우 불편할 거예요. 모든 것이 새롭고 낯설기 때문이죠. 하지만 시간이 흐르면서 점점 그곳이 집처럼 편안해 진다면 바로 이 표현을 쓸 수 있습니다.

It was strange at first, but now I am getting used to it.
처음에는 불편했지만 적응해 가고 있어.

it's been good에서 **it's**는 **It has**의 축약형이에요. 지금은 상황이 좋아졌다는 것을 의미해요.

뉴요커 다희 씨가 친구와 바에서 나누는 대화 내용입니다. 앞에서 배웠던 표현을 확인해 보세요!

Friend	Riley!
Dahee	Hi! How are you?
Friend	Hi. Good, dude! **1** 근데 너무 피곤해.
Dahee	Really? Where did you come from?
Friend	**2** 회사지. 어디겠어?
Dahee	Really? When did you get off?
Friend	Like half an hour ago?
Dahee	Oh, my gosh.
Friend	But I've been there since 8:30 this morning. I'm so exhausted.
Dahee	**3** 진짜 피곤하겠다.
Friend	Yes.
Dahee	OK, I bet you are hungry, too. We should look at the menu.
Friend	I'm starving. How are you? How's your new job? How's the new guy and everything?
Dahee	I just started, like, a week ago. **4** 그래서 아직 적응 중인데 괜찮아.
Friend	Are the people nice?
Dahee	Yeah, they're really nice to me. And I thought it was gonna really awkward at first, but it's working out fine.
Friend	Cool.

친구	라일리!
다희	안녕! 잘 지내?
친구	안녕! 잘 지내, 친구! **1** So tired, though.
다희	그래? 어디서 오는 길인데?
친구	**2** Work. Where else?
다희	그래? 언제 퇴근했는데?
친구	한 30분 됐나?
다희	그렇구나.
친구	근데 아침 8시 반부터 거기 있었다고. 너무 지쳤어.
다희	**3** You must be so tired.
친구	엄청.

다희 그래, 너 배도 엄청 고프겠다. 우리 메뉴 보자.

친구 진짜 배고파 죽겠어. 너는 어떻게 지내? 새 직장은 어때? 새로 만나는 남자랑 뭐 전부 다, 어때?

다희 이제 일 시작한 지 일주일밖에 안 됐어. **4** So I'm still getting used to it, but it's been good.

친구 사람들은 좋아?

다희 응. 되게 잘해 주셔. 처음에는 되게 어색할 줄 알았는데, 괜찮았어.

친구 잘됐네.

| WORDS |

come from ~에서 오다
gosh 놀랄 때 쓰는 감탄사
look at ~을 살피다
gonna ~일 것이다(= going to)

get off 퇴근하다
exhausted 기진맥진한
be starving 배가 고파 죽겠다

half an hour 30분
I bet 왜 안 그러겠어

뉴요커 다희 씨가 실수를 연발하고 있는데요. 각각 다른 상황에서 어떤 대화를 나누는지 살펴볼까요?

? 영어로 어떻게 말할까요?

1 정말 미안해
힌트 sorry

2 괜찮아.
힌트 okay

3 좀 더 조심했어야 했는데.
힌트 should, careful

4 걱정하지 마.
힌트 worry

5 괜찮아요.
힌트 all

6 이건 제가 요청한 게 아닌데요.
힌트 what

7 정말 죄송해요. 사과드릴게요.
힌트 apologies

궁금증 해결은
다음 페이지에서

CORE SENTENCES

영어 표현에 관한 궁금증을 해결해 볼까요?

1

아, 어떡하지, 정말 미안해.
Oh my god, I'm so sorry.

I'm sorry.가 좀 부족하다고 느낄 때가 있죠? 사과하는 표현도 실수의 크기에 따라 조금씩 달라질 수 있어요.

작은 실수에 대해 사과할 때는 다음과 같이 말합니다.
I'm sorry.
= Sorry.
= Sorry about that.

실수에 대해 좀더 강하게 유감을 표시할 때, **so**에 강세를 넣어서 말해 보세요. 이와 비슷한 **really**나 **terribly**를 쓸 수도 있어요.
I'm so[really/terribly] sorry.

2

괜찮아. 걱정하지 마.
That's OK. Don't worry.

상대방이 실수했을 때 괜찮다고 말할 때 쓰는 표현이에요. 상대방의 마음이 조금은 가벼워지겠죠? 또박 또박 발음하기보다는 자연스럽게 연음해서 발음해 보세요. '괜찮다'는 의미로 쓰이는 비슷한 표현들을 좀 더 알아볼까요?

That's all right.
It's okay.
No problem.
Don't worry. I'll be fine. 걱정하지 마. 난 괜찮을 거야.

CORE SENTENCES

3

좀 더 조심했어야 했는데. 최악이다, 나.

I should have been more careful. I'm the worst.

I should have＋과거분사는 과거에 일어났던 일 중에서 '내가 ~했어야 했는데…' 하지 못했던 일에 대한 후회를 나타냅니다.

I should have listened to your advice.
네 충고를 들었어야 했는데.

I should have gotten up early.
일찍 일어났어야 했는데.

the worst는 '가장 나쁜, 최악의'라는 뜻이에요. (**bad** 나쁜 － **worse** 더 나쁜 － **worst** 가장 나쁜). 그래서 **I'm bad.** 하면 '내가 나빴어'인데 이를 강조해서 최상급 형태로 **I'm the worst.**를 썼습니다.

➕ 추가 표현

I'm not the worst ~는 '나는 나쁘진 않다, 즉 생각보다 괜찮다'라는 의미입니다.
I'm not the worst player.
내가 최악의 선수는 아니예요.

4

걱정하지 마.

Don't worry about it.

이번에는 **Don't worry** 다음에 **about it.**이 붙었지요? **Don't worry**와 비슷한 뜻입니다. **about it**이라고 **about** 다음에 좀 더 구체적인 상황을 들어 상대방에게 걱정할 필요 없다는 뜻을 전달하고 있어요.

괜찮아요.
It's all right.

It's all right.은 '무엇에 대해서 걱정할 필요 없어요.' 혹은 사과나 감사에 대한 답변으로 '괜찮아요, 별 말씀을요'라는 뜻이에요. 비슷한 의미로 **That's all right.**을 쓸 수 있어요.

A: Thank you for the present. 선물 고마워요.
B: It's all right. 별말씀을요.

A: I'm sorry I didn't call you yesterday. 어제 전화를 못해서 미안해요.
B: That's all right. I totally forgot. 괜찮아요. 완전 잊고 있었어요.

이건 제가 요청한 게 아닌데요.
This isn't what I asked for.

This isn't what I ~. 형식으로 '제가 ~한 게 아닌데요'라고 말할 수 있어요. 이 표현은 식당에서 다른 음식이 나오거나 어떤 일이 내가 생각했던 것과 달랐을 때 등 다양한 상황에서 쓸 수 있어요.

식당에서 주문한 것과 다른 음식이 나왔을 때 쓸 수 있는 표현이에요.
This isn't what I ordered.
제가 주문하게 아닌데요.

영화를 보고 나서 기대했던 것과 다른 경우에 쓸 수 있어요.
This isn't what I expected.
기대했던 게 아닌데.

7

정말 죄송해요. 사과드릴게요.

I'm so sorry. My apologies.

apology는 '사과'라는 의미입니다. 이를 **My apologies**로 쓰면 '사과를 드립니다'라는 뜻으로 공식적인 자리에서 격식을 차려서 사과할 때 쓸 수 있어요.

A: My apologies. I should have sent you a reply.
죄송해요. 제가 답장을 보냈어야 했어요.

B: That's okay. Could you send it now?
괜찮아요. 지금 답장을 보내 주시겠어요?

➕추가표현

My apologies는 '사과를 드립니다'라는 의미로 어떤 미안한 일에 대해서 이야기하는 것입니다. 하지만 **My apology**는 이미 사과한 내용을 가리키는 명사로 사용돼요.

She didn't accept my apology.
그녀는 내 사과를 받아주지 않았어요.

뉴요커 다희 씨가 친구와 나누는 대화 내용입니다. 앞에서 배웠던 표현을 확인해 보세요!

(Situation #1)

Dahee　Oh my god, **1** 정말 미안해.

Friend　**2** 괜찮아. 걱정하지 마.

Dahee　Sorry. **3** 좀 더 조심했어야 했는데. 최악이다, 나. Let me get you some (tissue)... Are you...?

Friend　It's just a little. It's just water.

Dahee　Oh... Let me get you something.

Friend　Thank you.

Dahee　Sorry.

Friend　**4** 걱정하지 마.

Dahee　Do you have anything to change into or anything?

Friend　I think I might (have it) in my bag.

Dahee　OK. Sorry, I'm the worst.

Friend　Don't worry. It's just water.

Dahee　Okay.

(Situation #2)

Dahee　Sorry.

Passer-by　**5** 괜찮아요.

(Situation #3)

Dahee　Hey, this is what you asked for earlier.

Co-worker　Oh, thank you.

Dahee　Yeah. Yeah, if you want to look over it...

Co-worker　Sure. Umm... **6** 이건 제가 요청한 게 아닌데요.

Dahee　Oh, what is it?

Co-worker　This is for another project. The one I'm asking for is the most recent one.

Dahee　**7** 아. 정말 죄송해요. 사과드릴게요. I should have been more careful. I'll work on it.

Co-worker　Thank you.

(상황 #1)

다희   아, 어떡하지, **1** I'm so sorry.

친구   **2** That's OK. Don't worry.

다희   미안. **3** I should have been more careful. I'm the worst. (화장지) 좀 가져다줄게… 너…?

친구   조금밖에 안 흘렸어. 그냥 물인데 뭐.

다희   아… 뭐라도 좀 가져다줄게.

친구   고마워.

다희   미안해.

친구   **4** Don't worry about it.

다희   갈아입을 거나 그런 거 있어?

친구   내 가방에 있을 수도 있을 것 같아.

다희   알겠어. 진짜 최악이다, 미안해.

친구   걱정하지 마. 그냥 물이야.

다희   응.

(상황 #2)

다희   죄송해요.

행인   **5** It's all right.

(상황 #3)

다희   저기, 전에 요청하셨던 거요.

동료   아, 고마워요.

다희   네, 검토해 보고 싶으시면…

동료   그럼요. 음… **6** This isn't what I asked for.

다희   아, 어떤 건가요?

동료   이건 다른 프로젝트 거예요. 제가 요청하는 건 가장 최근 거요.

다희   **7** OK. I'm so sorry. My apologies. 좀 더 신중했어야 했는데. (말씀하신 거) 작업할게요.

동료   고마워요.

| WORDS |

get 가져오다   **change into** 갈아입다   **or anything** 뭐 그런 것

ask for 요청하다   **look over** 살펴보다   **work on** 작업하다

뉴요커 다희 씨가 식료품 가게에서 계산대 직원과 대화를 나누고 있습니다. 어떤 대화를 나누는지 살펴볼까요?

❓ 영어로 어떻게 말할까요?

1 누텔라는 뺄게요.

[힌트] take

2 신용카드요.

[힌트] pay

3 영수증도 주시겠어요?

[힌트] get

궁금증 해결은
다음 페이지에서 ❗

AMERICAN CULTURE

미국 쇼핑 에티켓

물건을 사고 계산하기 위해 줄을 설 때 새치기를 한다거나 점원의 주의를 끌려고 하는 등 다른 사람들에게 불쾌감을 줄 수 있는 행동을 하면 상점 밖으로 쫓겨나는 경우도 왕왕 있습니다. 살 물건과 사지 않을 물건에 대한 결정은 미리 내리고 쿠폰이나 할인에 대해 궁금한 점은 계산원에게 묻지 말고 고객센터나 점원에게 문의해야 해요.

CORE SENTENCES

영어 표현에 관한 궁금증을 해결해 볼까요?

1

(계산하면서) 누텔라는 뺄게요.

(I'll) take out the Nutella.

(I'll) take out ~은 '~는 뺄게요'라는 뜻입니다. 그래서 (I'll) take out the Nutella.는 '누텔라는 뺄게요.'라는 뜻이고요. 이 문장은 I won't take the Nutella.로도 표현할 수 있습니다.

I'll take out the Nutella. = I won't take the Nutella.
누텔라는 뺄게요.

➕ 추가 표현

take out뒤에는 목적어로 명사나 대명사 둘 다 올 수 있어요. 하지만 대명사일 경우에는 take them out처럼 take와 out 사이에만 올 수 있어요.

A: You need to take out some pictures on this page.
이 페이지에서 그림 몇 개는 빼야겠어요.

B: Okay. I will take them out.
좋아요. 그것들을 뺄게요.

2

카드로 할게요. 신용카드요.

I'll pay with a card. Credit card.

How do you pay?(어떻게 지불하시겠어요?)라는 질문에 답할 수 있는 표현이에요. **I'll pay with ~.** 패턴에 원하는 지불 방식을 넣으면 돼요.

I'll pay with _____.

      a credit card 신용카드

      a debit card 직불카드   (*a check card는 콩글리시)

      a (traveler's) check 여행자 수표

      cash 현금

아, 봉투 하나 할게요. 영수증도 주시겠어요?

Actually, I'll take a bag.
Could I also get a receipt?

---

actually은 '사실은, 그냥'이라는 뜻으로 원어민들이 자주 쓰는 표현이에요. 특별한 의미 없이 다양한 상황 속에서 쓸 수 있습니다.

'~을 주시겠어요?'라고 할 때 **Could I get ~?** 패턴을 활용할 수 있어요.

Could I get _____?
> **a cup of water** 물 한잔
> **sugar in my milk tea** 제 밀크 티에 설탕 좀

take a bag의 **take**는 '(봉지를) 사겠다'라는 의미로 쓰였어요.

I'll take one more watermelon.
수박을 하나 더 사야겠어요.

also는 '또한'이라는 의미로 내용을 추가할 때 쓰입니다. 앞에서 봉지를 달라고 했는데 또한 영수증도 달라고 하고 있기 때문에 **also**를 썼어요.

Do you also deliver groceries?
식료품도 배달하시나요?

➕ 추가 표현

상점의 직원이 **How would you like to pay?**(어떻게 계산하시겠어요?)라고 물었는데 만일 상품권이나 할인권이 있다면 **redeem**을 써서 표현할 수 있는데요. **redeem**은 '상품권을 현금이나 상품으로 바꾸다'라는 의미입니다.

Can I redeem this?
이 상품권을 쓸 수 있나요?

뉴요커 다희 씨가 식료품 계산대 직원과 나누는 대화 내용입니다. 앞에서 배웠던 표현을 확인해 보세요!

Dahee	Hi. This, I already bought.
Cashier	Do you want another bag?
Dahee	Uh, no. And actually I'm gonna go ahead and **1** 누텔라는 뺄게요.
Cashier	$9.30.
Dahee	**2** 카드로 할게요. Credit card.
Cashier	You said no bag?
Dahee	Actually, I'll take a bag. **3** 영수증도 주시겠어요?
Cashier	Have a nice day.
Dahee	Thank you.

다희	안녕하세요. 이건 이미 계산한 거고요.
계산대 직원	봉투 하나 더 필요하세요?
다희	아, 아뇨. 그리고 계산하면서 **1** (I'll) take out the Nutella.
계산대 직원	9달러 30센트입니다.
다희	And **2** I'll pay with a card. 신용카드요.
계산대 직원	봉투 안 하신댔죠?
다희	아, 봉투 하나 할게요. **3** Could I also get a receipt?
계산대 직원	좋은 하루 보내세요.
다희	감사합니다.

|WORDS|

go ahead 진행하다
$9.30[nine thirty] 9달러 30센트 (가격을 읽을 때 달러나 센트는 안 읽어도 돼요. 그냥 소수점을 기준으로 순서대로 숫자만 읽어주면 됩니다)

08

교환 또는 환불할 때

뉴요커 다희 씨가 옷가게에서 직원과 대화를 나누고 있습니다. 어떤 대화를 나누는지 살펴볼까요?

? 영어로 어떻게 말할까요?

1 파란색, 분홍색, 흰색, 그리고 노란색 등 다양한 색이 있어요.

(힌트) comes

2 환불해 주세요.

(힌트) do

3 끝자리가 4517인 카드 가지고 계시죠?

(힌트) ending in

궁금증 해결은
다음 페이지에서 !

AMERICAN CULTURE

Black Friday

직역하면 '검은 금요일'이라는 뜻인데요. 미국에서 대규모의 쇼핑 할인이 이루어지는 기간을 말합니다. 매년 11월 마지막 주 금요일로 추수감사절이 끝나는 금요일 밤 0:00를 Black Friday라고 부릅니다. 여기서 black은 매출 장부에 표기할 때 적자를 표시하는 붉은색 잉크(red ink) 대신에 검은색 숫자인 흑자(black ink)로 전환된다는 의미로 Black Friday라는 이름이 붙여졌다고 합니다.

CORE SENTENCES

영어 표현에 관한 궁금증을 해결해 볼까요?

1

파란색, 분홍색, 흰색, 그리고 노란색 등 다양한 색이 있어요.
It comes in blue, pink,
white and like a yellow multi-color.

'~이 있어요'라고 말할 때 **It comes in**＋색깔/사이즈.를 써서 표현할 수 있어요.
A: Does this come in any other colors? 이것은 다른 컬러도 있나요?
B: Sure. It comes in blue and yellow. 물론이에요. 파란색과 노란색이 있습니다.

주어가 사물인 **it**이 아니라 **you**로 바뀌면 동사를 **have**를 써야 합니다.
A: Do you have this in a smaller size? 더 작은 사이즈가 있나요?
B: I'm sorry, but we don't have other sizes. 죄송합니다만, 작은 것은 없습니다.

2

그럼 그냥 환불해 주세요.
Then I'll just go ahead and do a return.

Then I'll just go ahead는 '그럼 그냥 ~ 해주세요'라는 뜻이에요. 물건을 사고 나서 보니 마음
에 들지 않거나 사이즈가 맞지 않을 때 교환을 하거나 환불을 할 수 있습니다. 이 때 교환을 원한다면
exchange, 원하는 물건이 없어서 '환불해 주세요'라고 할 때는 여기서는 **do a return**을 썼지만
make a return, 또는 **return an item**을 일반적으로 많이 씁니다.

환불을 원할 때 쓸 수 있는 표현이에요.
I would like to return an item. 환불해 주세요.
I'm here to make a return. 환불하러 왔어요.
I'll just return it. 환불하려고요.

➕ 추가 표현

물건을 사기 전에 환불이 가능한지 물어볼 때 다음 표현을 쓸 수 있어요.
Is it refundable? 환불 가능한가요?

44

A: Can I return this if there is a problem?

문제가 있으면 환불이 가능한가요?

B: Yes, you can refund it within the next 15 days.

그럼요. 구입 후 15일 이내에 가져오시면 환불하실 수 있어요.

가끔 환불 이유를 묻는 경우도 있으니 다음 표현도 준비해 가세요.

I'm not happy with this jacket. I'm here to make a return.

이 재킷이 마음에 들지 않아요. 환불하러 왔어요.

I bought this skirt here yesterday, but it's too small. Could I make a return?

어제 여기서 치마를 샀는데요, 너무 작아요. 환불이 될까요?

3

끝자리가 4517인 카드 가지고 계시죠?

Do you have a card ending in 4517?

물건을 살 때 결제했던 그 카드 번호를 확인할 때 쓸 수 있는 표현이에요. '~가 있나요?'는 **Do you have~?**로 쓰면 돼요. **ending in**은 **a card**에 대해 꾸며주는 분사구문이에요. 분사가 단독으로 오지 않고 구형태로 오면 뒤에서 명사를 꾸며줘요. 미국에서도 한국과 마찬가지로 환불할 때는 결제했던 그 카드를 가지고 가야 해요.

➕ 추가 표현

동사+**-ing**(현재분사)의 형태로 명사를 수식하는 경우가 종종 있는데요. 현재분사 단독으로 올 경우에는 명사 앞에서 꾸며주고, 구형태로 오면 명사 뒤에서 수식해 줍니다.

현재분사가 단독으로 명사 앞에서 수식하는 경우입니다.

I saw a sleeping baby.

나는 잠자고 있는 아기를 보았어요.

분사구 형태로 뒤에서 명사를 수식하는 경우입니다.

The baby sleeping over there is my niece.

저쪽에서 자고 있는 아기는 내 조카예요.

뉴요커 다희 씨가 웃기게 계산원과 나누는 대화 내용입니다. 앞에서 배웠던 표현을 확인해 보세요!

Dahee	I bought this yesterday I think, and I just wanted to see if you guys have a different color and size in stock.
Cashier	See if we have to look up... um... What size?
Dahee	Small and a black color, if you have one.
Cashier	We don't have black, **1** 파란색, 분홍색, 흰색, 그리고 노란색 등 다양한 색이 있어요.
Dahee	Then yellow.
Cashier	We don't have any those in small. Only online.
Dahee	Oh, really? **2** 그럼 그냥 환불해 주세요.
Cashier	Okay. **3** 끝자리가 4517인 카드 가지고 계시죠?
Dahee	Yes.
Cashier	Your first name?
Dahee	Right here.
Cashier	Have a good one.
Dahee	Thank you.

다희	이거 어제 샀는데요, 혹시 다른 컬러와 사이즈로 재고가 있나 해서요.
계산원	있는지 찾아볼게요… 음… 어떤 사이즈요?
다희	스몰 사이즈로 검정색이요, 있으시면요.
계산원	이건 검은색은 없고요, **1** it comes in blue, pink, white and like a yellow multi color.
다희	그럼 노랑으로 할게요.
계산원	노란색 스몰은 재고가 없네요. 온라인만 가능해요.
다희	아, 그래요? **2** Then I'll just go ahead and do a return.
계산원	네. **3** Do you have a card ending in 4517?
다희	네.
계산원	성함이?
다희	여기 있어요.
계산원	좋은 하루 보내세요.
다희	감사합니다.

| WORDS |

in stock 재고로   see if ~인지 확인하다   look up 찾아보다
first name (성이 아닌) 이름 (*cf.* last name 성(=family name))

09

점원에게 치수와 할인에 관해 문의할 때

뉴요커 다희 씨가 옷가게에서 직원과 대화를 나누고 있습니다. 어떤 대화를 나누는지 살펴볼까요?

? 영어로 어떻게 말할까요?

지금은 더 필요한 게 없을 때

1 괜찮은 것 같아요.

힌트 good

2 세일 코너가 어딘지 아세요?

힌트 know, where

3 컴퓨터로 확인해 드릴게요.

힌트 check

4 온라인으로 주문할 수 있나요?

힌트 able to

5 이 가격이, 최종 세일 가격인가요?

힌트 final

궁금증 해결은
다음 페이지에서 !

CORE SENTENCES

영어 표현에 관한 궁금증을 해결해 볼까요?

 1

지금은 괜찮은 것 같아요.
I think I'm good for now.

상점에서 점원이 다가와서 **Hi, do you need any help?**(도와드릴까요?)라고 물어볼 때 딱히 지금은 필요한 것이 없을 때 답할 수 있는 표현이에요. **That's okay for now.**도 이와 비슷한 뜻이에요.

I think I'm good for now.
=That's okay for now.
지금은 괜찮아요.

 ➕ 추가 표현

browse는 '둘러보다'라는 의미예요. 웹서핑을 할 때 웹브라우저로 여기저기 둘러보는 행동을 하잖아요. 그것처럼 물건을 사지 않고 주욱 둘러볼 때 이 단어를 사용할 수 있어요.
I'm just browsing (around).　　(around는 생략이 가능해요.)
I'm just looking.
Just looking.
Just browsing.
그냥 둘러보고 있어요.

 2

세일 코너가 어딘지 아세요?
Do you know where the sale section is?

위치를 물어볼 때 **Do you know where ~?** 패턴을 써서 표현할 수 있어요. 아래 빈칸에 여러 단어를 넣어가면서 연습해 보세요.

Do you know where ＿＿＿＿＿＿＿ **is?**
　　　　　　　the fitting room 탈의실
　　　　　　　men's wear 남성복
　　　　　　　women's wear 여성복
　　　　　　　children's wear 아동복

3

컴퓨터로 확인해 드릴게요.

I could check for you on the computer.

'사이즈가 있나요?'라는 질문에 '확인해 드릴게요'라고 대답할 때 쓸 수 있는 표현이에요. 여기서 **check**는 '~을 확인하다'라는 의미에요. 간단히 **Please, let me check.**이라고 해도 됩니다.

Could you check if you have small?
혹시 스몰 사이즈 있는지 봐주시겠어요?

세일 상품도 온라인으로 주문할 수 있나요?

If it's on sale, are you able to order online still?

상품이 매장에 없어서 온라인으로 구매가 가능한지 물어 볼 때 쓸 수 있는 표현이에요. **Are you able to ~?**는 '~할 수 있나요?'로 가능성을 물어 볼 때 쓸 수 있는 패턴인데요. **be able to** 대신에 가능을 나타내는 조동사 **can**이나 **be possible to** 등을 써도 됩니다.

Are you able to order online?
= Can you order online?
= Is it possible to order online?

5

그러니까 이 가격이, 최종 세일 가격인가요?

Is this, like, the final sale price?

미국에는 가격표에 표시된 가격 외에도 추가 세일이 있는 경우가 많아요. 그래서 가격을 확인해 봐야 하는데요. 그럴 때 '최종 가격'을 **the final sale price**라고 해요. 이 표현도 쇼핑할 때 꼭 챙겨서 알아 두세요.

Is the final sale price?
최종 세일 가격인가요?

뉴요커 다희 씨가 옷가게 직원과 나누는 대화 내용입니다. 앞에서 배웠던 표현을 확인해 보세요!

(Situation #1)

Staff   Hi, do you need any help?

Dahee   **1** 지금은 괜찮은 것 같아요. Thank you, though.

Staff   OK. If you need any help, just let me know.

Dahee   OK. Thank you. Oh, excuse me. **2** 세일 코너가 어딘지 아세요?

Staff   The sale section's gonna be straight ahead past the furniture to your right.

Dahee   To my right? And is that the only sale section?

Staff   Men's is downstairs, women's is here.

Dahee   OK, thank you

Staff   You're welcome!

(Situation #2)

Dahee   Hi, I have a question again. For this, I found it in the sale section. And I… this is a large and I think I saw a medium as well. But do you have a small? Or maybe an extra small?

Staff   **3** 컴퓨터로 확인해 드릴게요.

Dahee   OK… Hope you guys have it.

Staff   We don't have records of it, actually.

Dahee   In stock?

Staff   Um… but we should have it in stock. You didn't see any extra smalls?

Dahee   I don't… I don't think I did.

Staff   OK.

Dahee   **4** 만약 세일하는 거면, 세일 상품도 온라인으로 주문할 수 있나요? And have it shipped to this store?

Staff   Yeah. Oh, well, not to this store. But it's free shipping to your apartment if you order it here.

Dahee   OK, but, so do you have extra small, or is small, the smallest size?

Staff	We should have extra small, but I will check in the back, if you like. I will be right back.
Dahee	Oh, and before you go, where, the price... it says on here, $19.99... **5** 그러니까 이 가격이, 최종 세일 가격인가요?
Staff	Yeah, final price.
Dahee	OK, thank you.
Staff	I will be right back.
Dahee	OK, thank you.
Staff	We only have size medium no extra smalls or smalls.
Dahee	But, what about online?
Staff	Online, we do.
Dahee	OK. I'll just look online and see if I can just order it.
Staff	It's free shipping if you do it in store.
Dahee	OK. Thank you.
Staff	You're welcome. Have a good one.

(상황 #1)

직원	안녕하세요, 도움이 필요하세요?
다희	**1** I think I'm good for now. 어쨌든, 감사해요.
직원	네. 도움이 필요하면 얘기해 주세요.
다희	네. 감사해요. 아, 잠시만요. **2** Do you know where the sale section is?
직원	손님 오른쪽의 가구를 지나서 앞으로 쭉 가시면 세일 코너가 있어요.
다희	제 오른쪽이요? 세일 코너가 거기 하나인가요?
직원	남성복은 아래층이고, 여성복은 여기예요.
다희	아, 네, 감사합니다.
직원	천만에요!

(상황 #2)

다희	저기요, 또 물어볼 게 있는데요. 이 옷이요, 제가 세일 코너에서 찾은 건데요. 이건 라지 사이즈고, 미디엄 사이즈도 본 것 같아요. 그런데 스몰 사이즈 있나요? 아니면 엑스트라 스몰이라도?
직원	**3** I could check for you on the computer.
다희	네… 있으면 좋겠네요.

직원 사실, (컴퓨터 자료에) 이 옷에 관한 내용이 없네요.

다희 재고가요?

직원 음… 근데 재고가 있어야 하는데. 엑스트라 스몰 못 보셨죠?

다희 그런 것… 못 본 것 같아요.

직원 네.

다희 **4 If it's on sale, are you able to order online still?** 그리고 이 가게로 배송시킬 수 있을까요?

직원 네. 아, 이 가게로는 안 되고요. 하지만 여기서 주문하시면 집까지 무료 배송이에요.

다희 그렇군요, 그럼, 엑스트라 스몰 사이즈 있나요, 아니면 스몰이 가장 작은 사이즈예요?

직원 엑스트라 스몰이 있어야 하는데, 제가 뒤에서 확인 좀 해 볼게요. 원하시면요. 바로 올게요.

다희 아, 가시기 전에요, 가격이, 어땠더라... 여기에 $19.99라고 나와 있는데… **5 Is this, like, the final sale price?**

직원 네, 최종 가격입니다.

다희 네, 감사해요.

직원 바로 올게요.

다희 네, 감사해요.

직원 엑스트라 스몰이나 스몰 사이즈는 없고 미디엄만 남아 있네요.

다희 그럼 온라인은요?

직원 온라인으로는 있어요.

다희 좋아요. 온라인으로 보고 주문할 수 있는지 볼게요.

직원 가게에서 하시면 무료 배송이에요.

다희 네. 감사합니다.

직원 천만에요. 좋은 하루 보내세요.

| WORDS |

though 하지만(문장 맨 끝에 옴) **straight ahead** 똑바로 앞으로 가서 **past** ~을 지나서
men's 신사복 매장 **women's** 숙녀복 매장 **downstairs** 아래층으로
medium 중간 사이즈 **hope** ~을 바라다 **have records of** ~의 기록이 있다
in stock 재고가 있는 **ship** 배송하다 **I'll be right back.** 바로 올게요.
shipping 배송

10

식료품 가게에서
요구사항을 말할 때 1

뉴요커 다희 씨가 정육점 직원과 대화를 나누고 있습니다. 어떤 대화를 나누는지 살펴볼까요?

[?] 영어로 어떻게 말할까요?

1 조카에게 줄 소고기를 조금만 사려고 하는데요.

(힌트) try, buy

2 어느 부위로요?

(힌트) cut

3 지방이 많지 않은 부위면 좋겠어요.

(힌트) cut, fat

4 그 정도 (작으면) 충분해요.

(힌트) small

궁금증 해결은
다음 페이지에서 (!)

CORE SENTENCES

영어 표현에 관한 궁금증을 해결해 볼까요?

1　　조카에게 줄 소고기를 조금만 사려고 하는데요. 조카가 아직 어려요.

I'm trying to buy just a little bit of beef for my nephew who's still a baby.

'~ 을 노력하고 있는 중이다'라고 말할 때 **I'm trying to ~.** 패턴을 쓸 수 있어요. 여기서 **to**는 부정사로 쓰였기 때문에 다음에 동사원형이 옵니다.

I am trying to _____.

　　　　　　find a new job 새로운 직업을 찾다
　　　　　　sleep 자다
　　　　　　forget about it 그것을 잊다

just a little bit은 '아주 작은'이라는 뜻이에요. 이와 비슷한 표현으로 **just a tiny bit**도 있어요. **small**도 '작은'이라는 의미지만 보통 크기를 나타낼 때 쓰기 때문에 이 상황에서는 적당하지 않는 표현입니다.

2　　　　　어느 부위로요?

What cut would you want?

'어느 부위'는 **what cut**이라고 하는데요. 여기서 **cut**은 고기의 부위를 뜻해요. '어느 부위를 추천하시나요?' 혹은 '어느 부위가 맛있나요?' 하고 물을 때도 부위를 뜻하는 **cut**을 사용해 말해 보세요.

What cut would you recommend?
어느 부위를 추천 하시나요?

Would you want는 **Do you want** 보다는 정중한 표현입니다.

3

가급적이면... 지방이 많지 않은 부위면 좋겠어요.
I am preferably um...
a cut without too much fat on it.

I am preferably um~은 '저는 가급적이면'이라는 뜻으로 **preferably** 부사 하나로 원어민처럼 자연스럽게 표현할 수 있습니다. 이 대신에 **if possible**을 쓸 수도 있어요.

I'd like a car, preferably convertible.
나는 자동차가 있었으면 좋겠어요. 가능하면 컨버터블로요. (컨버터블은 지붕을 접었다 폈다 하는 승용차)

'~이 없는 부위'는 a cut without로 표현할 수 있어요. **too much**는 '너무 많은'이라는 뜻으로 강조할 때 써요. **too much fat**하면 '너무 지방이 많은'이라는 의미예요.

 추가표현

한 끼 식사는 **a single meal**라고 합니다.
She eats a single meal each day.
그녀는 요새 하루에 한 끼를 먹어요.

그 정도면 충분해요.
That's small enough.

'충분히 작네요'고 말하고 싶을 때 '충분한'의 **enough**을 써서 **small enough**라고 할 수 있어요. **enough**는 다음에 오는 내용이 형용사일 때는 뒤에서, 명사일 때는 앞에서 수식합니다. 수식하는 단어의 품사에 따라 위치가 달라지므로 상황에 맞게 쓰셔야 합니다.

다음은 **enough**가 형용사를 수식할 때입니다.
The tea is too hot enough to drink. 차는 마실 정도로 충분히 뜨겁습니다.

다음은 **enough**가 명사를 수식할 때입니다.
She has enough money to buy it. 그녀는 그것을 살 만큼 충분한 돈이 있습니다.

추가표현

채소나 고기 등을 네모난 크기로 작게 자른 것을 **small cube**라고 해요.

55

뉴요커 다희 씨가 정육점 주인과 나누는 대화 내용입니다. 앞에서 배웠던 표현을 확인해 보세요!

Dahee	Hi, I have a question. **1** 조카에게 줄 소고기를 조금만 사려고 하는데요. 조카가 아직 어려요. So is it possible to get just a tiny bit, and could you dice it? Not like hamburger beef, but into little cubes.
Butcher	**2** 어느 부위로요?
Dahee	What would you recommend?
Butcher	How old? I mean if you want tender then, tenderloin is gonna be the most tender.
Dahee	And preferably um... **3** 지방이 많지 않은 부위면 좋겠어요.
Butcher	Yeah, that's going to be lean and tender.
Dahee	OK, then let's do that.
Butcher	How much were you looking, just like a little... slice?
Dahee	Yes.
Butcher	Weight-wise? Any idea?
Dahee	Ah... just for like a single meal for a baby.
Butcher	Baby?
Dahee	Yeah, toddler.
Butcher	A toddler? Two years old?
Dahee	Yeah.
Butcher	They won't eat much. I'll just give a single slice.
Dahee	Just a little bit. Thank you. Yeah, that's perfect.
Butcher	You want me to just cut it like this?
Dahee	Huh?
Butcher	And then cut it up when you are done?
Dahee	Oh no, could you...
Butcher	You want me to?
Dahee	Yeah, until small cubes, please?
Butcher	How is that?
Dahee	Perfect, yeah. **4** 그 정도면 충분해요. And can I pay for it here?
Butcher	At the register right there.
Dahee	OK.

다희	안녕하세요, 좀 여쭤볼 게 있는데요. **1** I'm trying to buy just a little bit of beef for my nephew who's still a baby. 그래서 아주 조금만 살 수 있을까요, 그리고 깍둑썰기해 주실 수 있어요? 햄버거 크기 말고 작은 큐브 크기로요.
정육점 주인	**2** What cut would you want?
다희	추천해 주실 수 있나요?
정육점 주인	조카가 몇 살이죠? 좀 부드러운 걸 원하시면, 안심이 가장 부드럽고요.
다희	그리고 가급적이면⋯ **3** a cut without too much fat on it.
정육점 주인	네, 안심이 지방도 적고 부드러울 거예요.
다희	네, 그럼 그걸로 할게요.
정육점 주인	얼마나 드려요? 작게 한 조각 정도요?
다희	네.
정육점 주인	무게로요? 얼마나요?
다희	아⋯ 아기가 한번 먹을 정도요.
정육점 주인	아기가요?
다희	네, 유아 정도요.
정육점 주인	유아요? 2살?
다희	맞아요.
정육점 주인	많이 먹진 않겠네요. 한 조각만 드릴게요.
다희	조금만요. 감사합니다. 네, 딱 좋네요.
정육점 주인	이렇게 잘라 달라고 하신 거죠?
다희	네?
정육점 주인	됐다고 할 때까지 더 자를까요?
다희	아, 그게, 저⋯
정육점 주인	제가 알아서 해 드려요?
다희	네, 작은 큐브 크기로 해주시겠어요?
정육점 주인	어떠세요?
다희	딱이네요. **4** That's small enough. 여기서 계산하면 될까요?
정육점 주인	저쪽 계산대에서요.
다희	네.

| WORDS |

dice 깍둑썰기 하다	cube 정육면체	recommend 추천하다
tender 부드러운	tenderloin 안심	lean 기름기 없는
weight-wise 무게에 있어서는	a single meal 한 끼 식다	toddler 걸음마를 배우는 아이
be done 끝나다	at the register 계산대에서	

11

식료품 가게에서 요구사항을 말할 때 2

뉴요커 다희 씨가 잡화점에서 직원과 대화를 나누고 있습니다. 어떤 대화를 나누는지 살펴볼까요?

? 영어로 어떻게 말할까요?

1 혹시 깐 마늘 있나요?
힌트 garlic

2 제가 와인 잔을 하나 사려고 하는데요.
힌트 buy

3 어디서 찾으면 될지 아세요?
힌트 where, find

여러 개 중에서 하나를 고를 때

4 저 이걸로 할게요.
힌트 one of

궁금증 해결은
다음 페이지에서 !

AMERICAN CULTURE

Excuse me의 여러가지 의미

Excuse me는 '미안합니다, 실례합니다'라는 뜻으로 많이 알고 있는데요. 사실 이 뜻 말고도 여러 가지 상황 속에서 다양한 의미로 사용됩니다.

1. 같이 있다가 자리를 떠야 할 때 – Excuse me. 잠깐 실례 할게요.
2. 상대방의 말을 못 알아들었을 때 – Excuse me? 뭐라고요?
3. 모르는 사람에게 길을 물어볼 때 – Excuse me. 실례합니다.
4. 무례한 행동이나 말을 한 상대방에게 – Excuse me. 이게 무슨 짓이에요.
5. 트림이나 재채기 등 약간 미안한 일을 했을 때 – Excuse me. 미안해요.

CORE SENTENCES

영어 표현에 관한 궁금증을 해결해 볼까요?

1

혹시 깐 마늘 있나요?
Do you have peeled garlic?

식료품 상점에서 '~이 있어요?'라고 묻고 싶을 때 **Do you have ~?**의 패턴을 쓸 수 있습니다. **peeled**는 여기서 '껍질이 벗겨진'이라는 뜻이에요. **peel**는 '껍질을 벗기다'인데요 여기서는 수동형으로 **peeled**로 쓰였어요. 화장품 중에서 벗겨내는 '필링 젤'을 연상하시면 기억하기 쉬울 거예요.

Do you have _____?

> **peeled garlic** 깐 마늘
> **minced garlic** 다진 마늘
> **pre-cut pineapple** 미리 잘라 놓은 파인애플
> **pre-sliced watermelon** 미리 잘라진 수박

2

제가 와인 잔을 하나 사려고 하는데요.
I'm tryna buy a glass for wine.

tryna는 새로운 단어는 아니고요 **trying to, trying the, trying a** 등을 축약해서 말하는 구어체로 '~하려고 노력 중이다'라는 의미입니다. 따라서 **I'm tryna[trying to] ~**는 '~을 하려고 하는데요.'라는 의미예요.

I'm tryna[trying to] _____.

> **study** 공부하다
> **sleep** 잠자다
> **listen to music** 음악을 듣다

3

어디서 찾으면 될지 아세요?

Do you know where I can find it?

물건을 위치를 물어볼 때 쓸 수 있는 표현입니다. 여기서 **where I can find it**은 **know**의 목적어인데요. 이렇게 의문문이 동사의 목적어가 되어 명사절이 될 때 평서문의 어순인 '의문사+주어+동사+목적어 또는 보어'로 바뀝니다. 이런 것을 간접의문문이라고 해요. 아래 예문을 통해 그 차이점을 느껴보세요.

Excuse me, where can I buy a map?
실례지만, 어디에서 지도를 살 수 있을까요?

Do you know where I can buy a map?
내가 지도를 어디에서 살 수 있는지 아세요?

4

저 이걸로 할게요.

I will take one of these.

여러 개 중에서 한 개를 골라서 사겠다고 할 때 쓸 수 있는 표현이에요. **one of**는 '~중에서 한 개'라는 의미로 **one of**+복수명사는 원어민들이 자주 쓰는 표현이에요.

It's one of my favorite fruits.
그것은 내가 가장 좋아하는 과일 중 하나예요.

This is one of my favorite movies.
이것은 내가 제일 좋아하는 영화 중 하나예요.

➕ 추가표현

다 고른 후 포장이 깨지지 않게 조심스럽게 해달라고 요청할 때 **nicely**를 써요. 또한, 두 번 싸달라고 할 때 **double-wrap**이라는 표현을 씁니다.
You have to double-wrap the content.
물건을 두 번 싸주셔야 해요.

뉴요커 다희 씨가 잡화점 직원과 나누는 대화 내용입니다. 앞에서 배웠던 표현을 확인해 보세요!

(Situation #1)

Dahee　　Excuse me, sir. Can I ask you a question? Um... **1** 혹시 깐 마늘 있나요?

Male Staff　　Yes, it's right over there, look.

Dahee　　Oh, perfect! Thank you.

(Situation #2)

Dahee　　I just have a question. Do you guys have watermelon that's already pre-sliced?

Female Staff　　No, we don't have them.

Dahee　　Oh, you don't have any? OK, so you don't...

Female Staff　　This is the only one we have.

Dahee　　OK.

(Situation #3)

Dahee　　Excuse me sir. One more question.

Male Staff　　Yeah, yeah. I got a lot of time. Don't worry about it.

Dahee　　**2** 제가 와인 잔을 하나 사려고 하는데요, 와인용 유리잔이나 아니면, 뭐든 유리 종류로 요. **3** 어디서 찾으면 될지 아세요?

Male Staff　　Uh... you could check, if you go out that door, the exit, you go across the street, maybe he has it. I don't know... I don't know what to tell you.

Dahee　　Oh, not any in this building?

Male Staff　　Yeah, over here is food, I'll ask, but ask... Let me ask a cashier. Check over there. You'll get some over there. You'll be checking across the street, west of the building. Supermarket, it might have.

Dahee　　OK, thank you so much.

(Situation #4)

Male Staff	May I help you?
Dahee	Yeah, do you guys have wine glasses?
Female Staff	We have some here reusable plastic glasses.
Dahee	Glasses?
Female Staff	Glasses? No. I'm so sorry.
Male Staff	We have... We do have Burgundy some here and Bordeaux...
Dahee	Um I'll... excuse me?
Male Staff	Yes, Ms.?
Dahee	**4** 저 이걸로 할게요.
Male Staff	Sure, no problem. Umm, what is it, I can't see. Cocoon cup. This one, right?
Dahee	Yes.

(Situation #5)

Dahee	And when you wrap it up, could you wrap it up nicely so it doesn't break and in a separate bag?
Cashier	No problem.
Dahee	Thank you.
Cashier	You want me to double wrap it? Or is this fine?
Dahee	Yeah, could you double wrap it, please?
Cashier	Sure. You need receipt? Or...
Dahee	Yes, please.
Cashier	Here you go.
Dahee	Thank you so much.
Cashier	You're welcome, have a good one.
Dahee	You, too.

(상황 #1)

디희　　　저기요. 뭐 좀 물어봐도 될까요? 음⋯ **1** Do you have peeled garlic?

남자 직원　네, 바로 저쪽에 있어요, 보이시죠.

디희　　　아, 저거예요! 감사해요.

(상황 #2)

디희　　　저, 물어볼 게 있는데요. 혹시 수박 잘라 놓은 거 있나요?

여자 직원　아뇨, 없어요.

디희　　　아, 아예 없나요? 아, 없군요⋯

여자 직원　이게 다예요.

디희　　　네.

(상황 #3)

디희　　　저기요, 하나 더 물어볼게요.

남자 직원　네, 네. 시간 많아요. 걱정하지 마세요.

디희　　　**2** I'm tryna buy a glass for wine, wine glass, or any type of glassware.
　　　　　3 Do you know where I can find it?

남자 직원　아⋯ 확인해 보실 곳이⋯ 저쪽 출구문 밖으로 나가셔서요, 길을 건너가시면 있는 매장에 아마
　　　　　있을 거예요. 뭐라고 말씀드려야 하나.

디희　　　아, 이 건물에는 없군요?

남자 직원　네, 이쪽은 식품 코너고, 제가 물어볼게요, 근데⋯ 계산대 직원한테 물어볼게요. 저쪽으로 가보
　　　　　세요. 거기서 사실 수 있을 거예요. 길 건너에 있는 건물 서쪽이에요. 슈퍼마켓, 거기 있을 겁니
　　　　　다.

디희　　　알겠습니다, 감사합니다.

(상황 #4)

남자직원　도와드릴까요?

디희　　　네, 와인 잔 있나요?

여자 직원　이쪽에 재사용 가능한 플라스틱 와인 잔이 있어요.

디희　　　유리잔인가요?

여자 직원　유리요? 아니요, 죄송해요.

남자 직원　저희 (유리로 된 와인 잔) 있어요⋯ 여기 부르고뉴잔이랑 보르도용 잔이 좀 있고요⋯

디희　　　음, 저는⋯ 저기요?

남자 직원　네, 손님?

디희　　　**4** I will take one of these.

남자 직원　네, 그러시죠. 음, 어떤 상품이죠, 잘 안 보여서요. 코쿤 컵이군요. 이거 맞나요?

디희　　　네.

(상황 #5)

다희	포장하실 때요, 잘 싸주시겠어요? 깨지지 않게 따로 넣어서요.
계산대 직원	물론이죠.
다희	감사합니다.
계산대 직원	두 번 싸드릴까요? 아니면 이대로 괜찮으세요?
다희	네, 두 번 싸주시겠어요?
계산대 직원	알겠습니다. 영수증 필요하세요? 아니면…
다희	네, 주세요.
계산대 직원	여기요.
다희	감사합니다.
계산대 직원	천만에요, 좋은 하루 보내세요.
다희	좋은 하루 보내세요.

| WORDS |

right over there 바로 저쪽에요
reusable 재사용이 가능한
receipt 영수증

pre-sliced 미리 잘라놓은
in a separate bag 별도의 봉투
Here you go. 여기 있어요.

go across 길을 건너가다
double wrap 두 번 싸다

12 ▶ 점원에게 옷을 추천해 달라고 할 때

뉴요커 다희 씨가 옷가게에서 직원과 대화를 나누고 있습니다. 어떤 대화를 나누는지 살펴볼까요?

[?] 영어로 어떻게 말할까요?

1 제 친구 키가 직원분이랑 거의 비슷하고요.

[힌트] around, height

2 보통 무슨 사이즈 사시나요?

[힌트] typically

3 바지 말고, 또 추천해 주실 게 있을까요?

[힌트] other than

4 꼭 바지일 필요는 없고요.

[힌트] necessarily, have

궁금증 해결은
다음 페이지에서 [!]

CORE SENTENCES

영어 표현에 관한 궁금증을 해결해 볼까요?

1

제 친구 키가 직원분이랑 거의 비슷하고요.

He is like around the same height as you.

---

around는 '대략, 약' 이라는 의미예요. 그래서 **like around the same height**은 '키가 거의 비슷한' 이라는 뜻입니다. **height** 대신에 **body shape**를 넣으면 '체형'에 대한 표현이 됩니다.

He is like the same body shape as you.
그는 당신하고 체형이 비슷합니다.

2

이 경우에, 보통 무슨 사이즈 사시나요?

For this, what size would you typically get?

For this는 '이 경우에'라는 뜻이에요. **typically**는 '주로, 보통'이라는 부사로 **What size would you typically get?**는 '보통 어떤 사이즈를 사시나요?'를 나타냅니다.

How much does it typically cost?
보통 얼마나 드나요?

여기서 **get**은 **buy**와 같은 '사다'라는 뜻입니다.

I love your skirt. Where did you get it?
스커트가 정말 예뻐요. 어디서 산 거예요?

바지 말고, 또 추천해 주실 게 있을까요?

Other than pants, what else would you recommend?

추천을 해달라고 할 때 **recommend**를 써서 **Can you recommend something for me?**라고 할 수 있습니다. **What else**는 '그밖에 다른 것'을 추천해 달라고 할 때 쓸 수 있어요.

또 '~ 말고 다른 것(바지 이외에)'은 **Other than ~**의 패턴으로 말할 수 있어요. 아래 빈칸에 여러 단어를 넣어 연습해 보세요.

Other than _____, what else would you recommend?

> **pants** 바지
> **T-shirts** 티셔츠
> **sleeveless blouses** 소매가 없는 블라우스

꼭 바지일 필요는 없고요, 뭐 다른 종류도 좋아요.

I mean it doesn't necessarily have to be pants, but it can just be anything else.

I mean은 '내 말은'이라는 뜻으로 자신이 한 말의 의도를 더 확실히 전달하기 위해서 써요. **not necessarily**는 '반드시(꼭) ~는 아니다' 이라는 의미입니다.

It doesn't necessarily have to be your office.
꼭 당신 사무실일 필요는 없어요.

It can just be anything else.는 '다른 종류도 괜찮아요' 라는 허가의 의미로 쓰였어요. 부사 **just**는 빼도 됩니다.

It can be smaller ones. 더 작은 것도 괜찮습니다.

뉴요커 다희 씨가 옷가게 직원과 나누는 대화 내용입니다. 앞에서 배웠던 표현을 확인해 보세요!

Dahee Hi, I have a question. I'm buying a birthday present for my friend. And pants are really hard for sizes I would think for guys. **1** 제 친구 키가 직원분이랑 거의 비슷하고요, and around the same, I guess, body shape.

Staff So you just want to know like... something that I would wear?

Dahee Yeah, yeah. **2** 예를 들어, 이 바지라면, 보통 무슨 사이즈 입으세요?

Staff A thirty two. Thirty two to thirty three.

Dahee And does the length fit as well?

Staff Yeah.

Dahee Is it more cropped? Or...

Staff No, it's more like straight to, like to the ankle.

Dahee OK. Can you recommend something for me? I mean he, like, has a very similar style to you, so... Like... Would you wear something like this?

Staff I would wear this, but probably not grey, probably the black.

Dahee The black? I just don't want to go with the black because the weather is getting...

Staff A little too dark?

Dahee Yeah, but I also didn't want to do like, colors. so I just figured, like, something in between...

Staff And then, grey might work, depending on his color palettes in his closet.

Dahee Yeah. **3** 바지 말고, 또 추천해 주실 게 있을까요?

Staff What other pants?

Dahee No. **4** 꼭 바지일 필요는 없고요, 뭐 다른 종류도 좋아요.

Staff Oh, uh, hoodies.

Dahee Something you really like right now.

Staff The Kap** stuff that we've got.

Dahee What is it?

Staff Kap**. So we got like this Kap** stuff.

Dahee Oh...

Staff Which is typically the brand that everyone is going for right now.

Dahee	Oh, really?
Staff	Yeah, I don't know why. Haha. But I like some of the sweats and... We had the T-shirts, but we don't have anymore, but we probably some online.
Dahee	OK, would the sweats to these run big or...
Staff	They run kinda small.
Dahee	Oh, they run small?
Staff	They run small, yeah.
Dahee	Oh, OK. So would you wear a medium?
Staff	Yeah, medium, but I usually wear small.
Dahee	Oh, but you don't have mediums, haha.
Staff	Oh, my! I didn't even notice. I would probably check in the back. I wouldn't wear this color, I don't know if he would...
Dahee	It's a little bit out there.
Staff	Yeah.
Dahee	Okay, um... I will look around for some…
Staff	All right, and you need more help, let me know.
Dahee	OK, thank you so much.

다희	저기요, 뭐 좀 물어볼게요. 친구 생일 선물을 사려고 하는데요. 남자 바지 사이즈 고르는 게 정말 어려워서요. 근데 **1** he is like around the same height as you, 체형도 아주 비슷한 것 같아요.
직원	그럼, 알고 싶으신 게, 제가 입는 사이즈인 거죠?
다희	네, 맞아요. **2** Like, for this, what size would you typically get?
직원	32요. 32에서 33.
다희	그럼, 길이도 딱 맞나요?
직원	네.
다희	이게 단이 좀 짧게 나왔나요? 아니면...
직원	아뇨, 발목까지 딱 떨어지는 스타일이죠.
다희	네. 추천해 주실 만한 것이 있나요? 제 친구가 직원분이랑 스타일이 정말 비슷해서요… 예를 들면... 이런 거 입으시겠어요?
직원	저는 이거 입죠. 근데 아마 회색은 아니고, 검정으로요.
다희	블랙이요? 저는 검정은 아니다 싶었는데. 왜냐하면 날씨가 점점...
직원	좀 너무 어두워져서요?

다희	네, 그런데 또 너무 컬러풀한 것도 별로인 것 같고요. 그냥 적당히 중간쯤이 괜찮겠다 싶었어요…
직원	그럼, 회색이 좋겠네요, 친구분 옷장에 어떤 색깔의 옷이 있느냐에 따라 다르겠지만요.
다희	그렇죠. **3** Other than pants, what else would you recommend?
직원	다른 바지로요?
다희	아뇨. **4** I mean it doesn't necessarily have to be pants, but it can just be anything else.
직원	아, 네, 후디요.
다희	요즘 좋아하시는 거로요.
직원	저희가 가지고 있는 카* 제품이요.
다희	그게 뭐죠?
직원	카*예요. 이런 카* 제품이 있어요.
다희	아…
직원	요즘 다들 엄청나게 좋아하는 브랜드예요.
다희	아, 정말요?
직원	네, 이유는 잘 모르지만요. 하하. 저는 이 운동복들이 마음에 들더라고요… 티셔츠도 있었는데, 지금은 없네요. 아마 온라인에는 있을 거예요.
다희	네, 이 스웨트가 좀 크게 나온 건가요, 아니면…
직원	그건 좀 작게 나온 거예요.
다희	아, 작게 나왔어요?
직원	작게 나왔어요, 네.
다희	아, 그렇구나. 그럼 미디엄 입으시겠죠?
직원	네, 미디엄이요. 근데 저는 보통은 스몰을 입어요.
다희	아, 그런데 미디엄 사이즈가 없네요. 하하.
직원	이런! 없는지도 몰랐네요. 뒤에 가서 체크해 봐야겠네요. 저라면 이 색은 안 입을 거예요, 친구분은 어떨지 모르겠네요…
다희	그건 좀 이상하네요.
직원	맞아요.
다희	네, 음… 좀 더 돌아볼게요…
직원	그러세요, 도움 필요하시면 말씀하시고요.
다희	네, 감사해요.

| WORDS |

fit 딱 맞다	as well ~도 역시	cropped (보통 사이즈보다 옷이) 짧은
ankle 발목	go with ~와 어울리다	depending on ~에 따라서
sweats (보통 복수로) 운동복		

13 ▶ 선물 포장을 요청할 때

뉴요커 다희 씨가 가게에서 계산대 직원과 대화를 나누고 있습니다. 어떤 대화를 나누는지 살펴볼까요?

[?] 영어로 어떻게 말할까요?

1 **이렇게 두 개 사려고요.**

[힌트] can, get

2 **선물 포장 가능할까요?**

[힌트] gift-wrapping

3 **현금이랑 카드로 나눠서 계산 가능한가요?**

[힌트] possible

4 **이거 잠시 맡겨 놔도 될까요? 좀 더 돌아보고 찾으러 올게요.**

[힌트] leave, come back, look

궁금증 해결은
다음 페이지에서 [!]

AMERICAN CULTURE

선물 포장은 그 자리에서 뜯는 게 매너!

선물은 크기에 상관없이 받으면 기분이 좋아지죠? 체면을 중시 여기는 동양 문화에서는 예의를 갖추기 위해 선물을 준 사람 앞에서 포장을 뜯어보지 않아요. 내용물이 보인다면 고맙다는 표현을 하면 별거 아니라며 겸손하게 말하는 것이 예의입니다. 하지만 미국의 경우에는 선물을 받고 나서 바로 그 앞에서 뜯어보고 감사 인사를 하는 것을 예의라고 생각합니다. 주는 사람도 선물에 대해 특별한 에피소드가 있다면 함께 이야기하며 즐거워 합니다. 이렇게 선물 하나도 동서양이 서로 다른 문화를 갖고 있답니다.

영어 표현에 관한 궁금증을 해결해 볼까요?

1

이렇게 두 개 사려고요.
Can I get these two?

Can I get~?은 '~을 주실래요[사려고요]'라는 뜻으로 '이렇게 두 개 사려고요'는 **Can I get these two?**라고 합니다. 이 표현 대신에 **I'm getting these two.**라고 할 수도 있습니다. 보통 '사다'라고 할 때 **buy**가 제일 먼저 떠오르시겠지만 **get**도 많이 씁니다.

➕ 추가 표현

선물을 포장을 하기 전에 **This is for ~.**를 써서 '이것은 ~를 위한 거예요.'라고 말할 수 있어요.

This is for _____.

　　　　my mother 엄마
　　　　my friend 친구

2

선물 포장 가능할까요?
Do you guys do gift-wrapping?

선물을 포장해 달라고 할 때 **do gift-wrapping**을 써서 표현할 수 있는데요. **gift-wrapping**은 '포장'이라는 뜻이고, 동사 **do**를 붙이면 **do gift-wrapping**은 '선물 포장을 하다'라는 뜻이에요. 여기서 **guys**를 생략해서 **Do you do gift-wrapping?**이라고 해도 됩니다. 또는 종이 봉투나 선물용 박스를 다음 표현으로 요청할 수도 있어요.

Do you have a paper bag[gift box]?
종이 봉투[선물용 박스] 있나요?

➕ 추가 표현

선물이 마음에 들지 않을 때 교환할 수 있는 선물용 영수증을 요청할 때 다음처럼 말할 수 있어요.
Can I also get a gift-receipt?
선물용 영수증을 주실 수 있나요?

현금이랑 카드로 나눠서 계산 가능한가요?

Is it possible to do part cash, part card?

Is it possible to ~?는 '~할 수 있나요?'하고 가능성을 물어볼 때 쓰는 표현이에요.

Is it possible to ask many questions?
질문을 많이 하는 게 가능한가요?

보통 계산을 하다는 **pay**를 많이 쓰는데요 여기서는 **do**를 썼습니다.

Can I pay with a card?
카드로 계산해도 되나요?

4

이거 잠시 맡겨 놔도 될까요? 좀 더 돌아보고 찾으러 올게요.

Can I actually leave this with you for a little bit? and I will come back and get it after I look around some more?

물건을 더 사야 하는데 무거워서 카운터에 짐을 맡아 달라고 할 때 쓸 수 있는 표현이에요. 여기서 **actually**는 특별한 뜻은 없고 '있잖아요, 그게, 사실은' 정도의 느낌을 나타내는 말입니다. **leave A with B**는 'A를 B에게 맡겨두다'라는 의미입니다.

Are you leaving the kid with your husband today?
오늘 그 아이는 남편한테 맡겨 놓을 예정인가요?

'다시 돌아와서 가져가겠다'는 **come back and get it**으로 표현했어요. 여기서는 **get**은 '가져가겠다'라는 뜻입니다.

Would you go and get the document?
가서 그 서류 좀 갖다 줄래요.

73

🎧 13. mp3

뉴요커 다희 씨가 계산대 직원과 나누는 대화 내용입니다. 앞에서 배웠던 표현을 확인해 보세요!

Dahee	Hi. **1** 이렇게 두 개 사려고요. And the Adi*** one is gonna be for a friend, **2** 선물 포장 가능할까요?
Cashier	I can put it in some tissues for you and separate bag. Our bags, are, like 25 cents each. So I could just like, charge you twice for a bag, and wrap this one in tissue and put this one in another bag.
Dahee	Oh! And that one I don't need a bag for. For mine, I have my own bag.
Cashier	OK, I will just put some tissue on it.
Dahee	Thank you!
Cashier	It's gonna be $60.50.
Dahee	**3** 현금이랑 카드로 나눠서 계산 가능한가요?
Cashier	Yes, sure.
Dahee	40 in cash and then the rest on the card. OK, thank you so much. Thank you. **4** 이거 잠시 맡겨놔도 될까요? and **5** 좀 더 돌아보고 찾으러 올게요. Thank you.

다희	안녕하세요. **1** Can I get these two? 아디**는 친구 거라서 **2** Do you guys do gift-wrapping?
계산대 직원	얇은 종이로 싸서 따로 봉투에 넣어드릴 수 있어요. 봉투는 각각 25센트예요. 그럼, 봉투 가격은 2개로 계산할게요, 그리고 이 제품은 종이로 싸고 이건 다른 봉투에 넣을게요.
다희	아! 그건 봉투 안 해주셔도 돼요. 제 것은 넣어갈 데가 있어요.
계산대 직원	그럼, 종이로만 싸드릴게요.
다희	감사합니다!
계산대 직원	60달러 50센트요.
다희	**3** Is it possible to do part cash, part card?
계산대 직원	네, 물론이죠.
다희	40달러는 현금으로 하고요, 나머지는 카드로 할게요. 네, 정말 감사해요. 감사합니다. 저기, **4** Can I actually leave this with you for a little bit? 그러니까 **5** I will come back and get it after I look around some more? 감사합니다.

|WORDS|

tissue 포장용 얇은 종이　　　　**separate** 따로따로　　　　**each** 각각의
charge 청구하다　　　　　　　**twice** 두 배로　　　　　**mine** 나의 것

14 화장품을 추천해 달라고 말할 때 1

뉴요커 다희 씨가 화장품 가게에서 직원과 대화를 나누고 있습니다. 어떤 대화를 나누는지 살펴볼까요?

? 영어로 어떻게 말할까요?

1 제 피부는 복합성이에요.

힌트 combination, skin

2 민감한 피부에 정말 좋아요.

힌트 good, sensitive

3 피부 진정에 도움이 돼요.

힌트 helps, soothe

화장이

4 뭉치지 않아요.

힌트 won't, cakey.

궁금증 해결은
다음 페이지에서 !

1

제 피부 타입은 복합성이고요.

My skin type is a combination type of skin.

피부 타입을 설명할 때 아래와 같이 말해 보세요. 빈칸에는 자신의 피부 타입을 넣으시면 돼요. **My skin type**에서 **skin** 다음에 **type**은 생략해도 됩니다.

My skin (type) is _____.

                     normal 일반적인 건강한 피부

                     dry 건조한 피부

                     oily 지성 피부

                     sensitive 민감성 피부

➕ 추가 표현

extra 혹은 **extremely**를 붙이면 심한 정도를 나타낼 수 있어요.

My skin is extremely oily and sensitive.

심한 지성 피부에 민감성이에요

2

민감한 피부에 정말 효과적이에요.

It's really good for sensitive skin.

It is really good for ~는 '~에 딱이다, 적당하다'라는 뜻입니다. '민감성 피부에 완전히 딱이에요.' 하고 강조하고 싶을 때는 **It's really perfect for sensitive skin.**이라고 **good** 대신에 **perfect** 을 써서 말하면 됩니다.

It is really good for removing blackheads.

이것은 블랙헤드를 없애는 데 정말 효과적이에요.

3

피부 진정에 도움이 돼요.

It helps with soothing the skin.

help with+명사/**~ing**는 '(어떤 것)에 도움이 되다'는 뜻으로 회화에서 자주 쓰는 표현입니다. '~에 도움이 된다'고 하거나 무엇을 도와달라고 말할 때 **with** 뒤에 도움이 되는 일이나 도와달라는 일을 넣어 서 말하시면 돼요.

It helps with brightening skin.
이것은 피부를 밝게 해주는데 도움이 돼요.

This medicine helps with insomnia.
이 약은 불면증에 도움이 돼요.

뭉치지 않아요.

It won't be cakey.

won't은 **will not**의 축약형으로 '~하지 않을 것이다'라는 뜻입니다. 이 표현은 발음이 약간 까다로운 데요. 입술을 '우'모양을 만들고 빠르게 [우오운트]라고 발음해야 합니다.

This foundation won't smudge.
이 파운데이션은 번지지 않을 거예요.

This lipstick won't come off.
이 립스틱은 지워지지 않을 거예요.

'뭉치다'는 **cakey**라고 해요.

Do you know how to avoid cakey foundation?
파운데이션이 뭉치지 않는 법을 아세요?

뉴요커 다희 씨가 화장품 가게 직원과 나누는 대화 내용입니다. 앞에서 배웠던 표현을 확인해 보세요!

Dahee	Hi. I have a few questions. **1** 제 피부 타입은 복합성이고요. And it gets red whenever I go out in the sun. Could you recommend a type of sunscreen for me?
Staff	Yes, of course. So we have this sunscreen. **2** 민감한 피부에 정말 효과적이에요. It has like a cica complex in here. If you are familiar with like centella or madecassoside, it has this in here so **3** 피부 진정에 도움이 돼요. And I like this because it does not feel too tacky. So if your skin feels a little bit drier in some areas you can apply on another layer. **4** 뭉치지 않아요. And it's really good under makeup.
Dahee	Okay.

다희	안녕하세요. 몇 가지 여쭤보려고 하는데요. **1** My skin type is a combination type of skin. 햇볕을 쬐기만 하면 얼굴이 빨개져요. 저한테 맞는 선크림을 추천해 주실 수 있을까요?
직원	물론이죠. 이 제품이 있는데요. **2** It's really good for sensitive skin. 여기에는 '시카' 성분이 들어있거든요. 센텔라나 마데카소사이드 재생 크림과 같은 성분을 알고 계신다면 여기 들어 있어요. **3** it helps with soothing the skin. 그리고 저는 이 제품이 끈적이지 않아서 좋아해요. 그래서 피부의 어떤 부위가 좀 더 건조하다고 느껴지면 그 위에 덧바를 수 있어요. **4** It won't be cakey. 메이크업 베이스로 쓰셔도 좋고요.
다희	그렇군요.

| WORDS |

whenever ~할 때마다	**get red** 얼굴이 붉어지다	**recommend** 추천하다
sunscreen 자외선 차단제(선크림)	**tacky** 끈적끈적한	**apply** (화장품을) 바르다

15

화장품을 추천해 달라고 말할 때 2

뉴요커 다희 씨가 화장품 가게에서 직원과 대화를 나누고 있습니다. 어떤 대화를 나누는지 살펴볼까요?

? 영어로 어떻게 말할까요?

1 이건 사실 유아나 어르신들에게 정말 좋다고 나와 있어요.

힌트 one, said

2 여기 시카 성분이 홍조를 많이 진정시켜 줄 거예요.

힌트 calming, redness

3 사실 이 제품들은 판매 시작하고 정말 빨리 매진됐어요.

힌트 sold

4 백탁 현상도 없어요.

힌트 white cast

5 좀 더 둘러 볼게요.

힌트 look

궁금증 해결은
다음 페이지에서 !

CORE SENTENCES

영어 표현에 관한 궁금증을 해결해 볼까요?

1

이건 사실 유아나 어르신들에게 정말 좋다고 나와 있어요.

This one is actually said to be really good for infants, actually, and elderly people.

This one is said to be ~.은 '이것은 ~라고 하다[알려져 있다]'라는 의미입니다. 여기서 **actually** 는 특별한 의미 없이 '그러니까요' 정도의 느낌으로 쓰였어요.

This vitamin is said to be good for elderly people.
이 비타민은 어르신들에게 좋다고 해요.

be good for는 '~에 좋다'라는 뜻이에요. 반대로 **be bad for** 혹은 **be not good for** 하면 '~에 나쁘다[~에 좋지 않다]'라는 의미입니다.

Walking every day is good for your health.
매일 걷는 것은 건강에 좋아요.

Eating fast food is bad for your health.
패스트푸드를 먹는 것은 건강에 나빠요.

2

여기 시카 성분이 또한 홍조를 진정시켜줄 거예요.

The cica in here will also help with soothing and calming any redness.

'~에 도움이 되다'는 **help with**로 표현합니다. **cica in here**는 '여기에 들어 있는 시카 성분'이라는 의미예요. **redness**는 '얼굴이 붉어지는 홍조'라는 의미로 **soothing and calming any redness** 는 '홍조를 진정시키는'이라는 뜻이 돼요.

3

사실 이 제품들은 판매 시작하고 정말 빨리 매진됐어요.

They actually sold out pretty fast since we started selling it.

sold out pretty는 '상당히 빨리 판매되다'라고 말할 때 쓸 수 있는 표현이에요. 여기서 **pretty**는 '상당히'라는 의미로 어떤 것이 정도가 많거나 심하다고 느껴질 때 써요. **since**는 과거의 어느 시점부터 지금까지 이르는 시간을 뜻하는 '~이래로'라는 표현입니다.

That is pretty expensive. 그것은 상당히 비싸다.

4

백탁 현상도 없어요. 너무 끈적이거나 두껍지 않아요.

It also doesn't leave, like, that white cast on the skin. It's not too sticky or heavy.

leave는 '~에 남기다'라는 뜻인데요. **doesn't leave**라는 부정형으로 쓰여 '~에 남기지 않다'라는 뜻이 됩니다. **sticky**는 '끈적이는'이라는 뜻으로, **sticker**처럼 끈적끈적하여 어디에 붙는 것을 연상하면 기억하기 쉬워요. **heavy**는 화장품이 '두껍게' 발렸다 할 때의 두꺼운 느낌으로 보시면 돼요. **white cast**는 썬크림을 발랐을 때 얼굴이 하얗게 되는 백탁 현상을 말해요.

5

좀 더 둘러 볼게요.

I'll look around more.

look around는 '둘러보다'라는 의미예요. 이와 비슷한 뜻으로 **browse**가 있어요.

I'm just browsing. 그냥 둘러보고 있는 거예요.

뉴요커 다희 씨가 화장품 가게 직원과 나누는 대화 내용입니다. 앞에서 배웠던 표현을 확인해 보세요!

Dahee Could you recommend a sunscreen that's not as sticky?

Staff Sticky? This one would be really good, actually.

Dahee Oh, OK.

Staff So, this one or there is also this one. **1** 이건 사실 유아나 어르신들에게 정말 좋다고 나와 있어요. So it's really good for sensitive skin. And then it helps with, just like, it doesn't have also like, white cast a lot of people don't like.

Dahee Oh, yeah.

Staff Same as this one, this brand is actually really good. I've used this one before and I really like this. I have really sensitive skin, I also get redness, so **2** 여기 시카 성분이 홍조를 많이 진정시켜 줄 거예요.

Dahee OK. Um, is this really popular? Or is there like a more popular option?

Staff These ones are fairly new to the market, and to our store. **3** 사실 이 제품들은 판매 시작하고 정말 빨리 매진됐어요. So right now these I'd say are really popular. There's also the Cosrx which a lot of people are more familiar with, that has that aloe in here. So it's really good for soothing the skin, moisturizing, **4** 백탁 현상도 없어요. 너무 끈적이거나 두껍지 않아요.

Dahee OK. Thank you so much for your recommendations. **5** 좀 더 둘러볼게요. Thank you.

다희 끈적이지 않는 제품을 추천해 주시겠어요?

직원 끈적임요? 이 제품이 사실 잘 맞으실 거예요.

다희 아, 네.

직원 음, 이거랑… 아니면 이 제품도 있어요. **1** This one is actually said to be really good for infants, actually, and elderly people. 그래서 민감성 피부에도 잘 맞고요. 그리고 이건, 그러니까, 뭐가 좋으냐면 많이들 싫어하시는 백탁 현상도 없어요.

다희 아, 그렇죠.

직원 이 제품이랑 똑같이, 이 브랜드가 사실 정말 좋아요. 저도 전에 써 보고 나서 반했어요. 제가 피부가 정말 예민하고 홍조도 있거든요. 그래서 **2** the cica in here will also help with soothing and calming any redness.

다희   아 네. 음, 이 제품이 제일 인기가 많은가요? 아니면 좀 더 많이 쓰는 제품이 있나요?

직원   이 라인은 최근에 나온 신상이에요. 저희 가게에서도요. **3** They actually sold out pretty fast since we started selling it. 지금으로선 굉장히 인기가 많다고 말씀드릴 수 있을 것 같아요. 사람들에게 좀 더 익숙한 Cosrx 제품도 있는데요, 이 제품엔 알로에가 있어요. 그래서 이 제품은 피부 진정과 보습에 굉장히 좋고요, **4** It also doesn't leave, like, that white cast on the skin. It's not too sticky or heavy.

다희   네, 알겠습니다. 추천해 주셔서 감사해요. 좀 더 **5** I'll look around more. 감사해요.

|WORDS|

help with ~에 도움이 되다   **white cast** 백탁현상(자외선 차단제를 바르면 허옇게 들뜨는 현상)

redness 홍조   **soothe[calm]** 진정시키다

16

카페에서 와이파이에 관해 문의할 때

뉴요커 다희 씨가 카페에서 직원과 대화를 나누고 있습니다. 어떤 대화를 나누는지 살펴볼까요?

? 영어로 어떻게 말할까요?

1 와이파이 되나요?

힌트 have

2 콘센트도 있나요…?

힌트 outlets

궁금증 해결은
다음 페이지에서 !

CORE SENTENCES

영어 표현에 관한 궁금증을 해결해 볼까요?

1

와이파이 되나요?

Do you guys have Wi-Fi?

guys는 빼고 **Do you have Wi-Fi?**라고 해도 됩니다. 참고로 미국에서는 [와이파이]라고 발음하지만 유럽에서는 [위피]라고 하니 상황에 맞게 쓰면 좋아요. **Do you have ~?**는 '~이 있나요?라고 물을 때 쓸 수 있는 패턴이에요. 이 때, **It's open network.** 하고 대답한다면 '개방형 네트워크'라는 말로 패스워드가 필요 없다는 의미예요.

Do you have _____?

　　　　　a separate room for group gatherings 단체 모임을 위한 별실
　　　　　a recharge cable for tablet PC 테블릿 PC를 위한 충전 케이블

➕ 추가 표현

다음은 비밀 번호를 물을 때 쓸 수 있는 표현이에요.
What's the password (of your Wi-Fi)?
= Can you tell me the password (of your Wi-Fi)?　(formal)
와이파이 비밀 번호가 뭐예요?

2

콘센트도 있나요…?

Do you guys also have outlets for…?

'콘센트가 있나요?'하고 물을 때 **Do you have~?**를 써서 **Do you have outlets?**이라고 표현할 수 있어요. **for** 다음에는 **for power strip**(멀티탭)이나 **for the phone**(전화) 같은 것이 생략돼 있어요. 앞에 질문에 이어서 다시 질문한 것이기 때문에 **Do you also have?**를 쓸 수도 있습니다. 짧게 말하고 싶다면 **Do you have outlets?**이나 **Where is the outlet?**라고 해도 됩니다.

Can I use the outlet beneath your table?
테이블 아래 있는 콘센트를 사용해도 될까요?

CORE SENTENCES

다음은 여러분을 똑똑한 인터넷 유저로 만들어 줄 인터넷 필수 표현입니다.

- **the web / the net** 인터넷
  I surf the net for fun.
  나는 재미로 인터넷을 서핑한다.

- **download and upload** (인터넷으로부터 파일을) 내려받다와 올리다
  download는 인터넷으로부터 파일을 받아서 여러분의 컴퓨터에 저장하는 것이고요. upload는 반대로 여러분이 생성한 파일을 인터넷에 올리는 것인데요. 유튜브나 페이스북에 동영상이나 사진을 올리는 것을 말합니다.

- **sign up** 가입하다
  어떤 사이트에 아이디와 비번을 처음 만들어서 가입할 때를 가리킵니다. 이베이나 아마존에 가서 비번과 아이디를 만들어서 만드는 것을 말합니다.

- **username** 사용자 이름
  사이트를 사용하기 위해서 만든 아이디를 말합니다.

- **sign in[log in]** 로그인하다
  가입한 사이트에서 사용 사용하기 위해 사용자 이름을 기입하는 것을 말합니다.

- **sign out[log out]** 로그아웃하다
  사이트 사용이 다 끝난 후에 나오는 것을 말합니다. 이메일을 보낼 때와 다 보내고 나서 하는 것을 떠올리면 쉽게 이해할 수 있습니다.

- **streaming** 실시간으로 인터넷으로 동영상을 보거나 음악을 들을 수 있도록 재생하는 기술
  We could use streaming video on the internet.
  우리는 실시간 스트리밍 비디오 서비스를 이용할 수 있습니다.

- **google it** 구글로 검색해서 자료를 찾다
  Just google it and you will find many references.
  구글을 검색하면 많은 자료를 찾으실 수 있을 거예요.

- **facebook me** 페이스북의 메신저를 통해 연락을 하다

- **e-mail me** 이메일을 보내다

뉴요커 다희 씨가 카페 직원과 나누는 대화 내용입니다. 앞에서 배웠던 표현을 확인해 보세요!

Dahee	**1** 와이파이 되나요?
Staff	Wi-Fi? Yes, it's an open network.
Dahee	Oh, you don't need a password for it?
Staff	Yes.
Dahee	OK. Thank you. Wait, is it... just 'The Bean'?
Staff	'The Bean.' Yes.
Dahee	**2** 콘센트도 있나요…?
Staff	Yes. There's one right there.
Dahee	Oh, I didn't see it. Thank you.
	(after a while) Connected.

다희	**1** Do you guys have Wi-Fi?
직원	와이파이요? 네, 개방형 네트워크예요.
다희	아, 비밀번호는 필요 없나요?
직원	네.
다희	네. 고마워요. 잠깐만요, 이름이 그냥 'The Bean' 인가요?
직원	'The Bean'이요. 맞아요.
다희	**2** Do you guys also have outlets for…?
직원	네. 바로 저기에 있어요.
다희	아, 제가 못 봤네요. 감사합니다.
	(잠시 후에) 연결됐다.

| WORDS |

open network 개방형 통신망   **right there** 바로 저기   **(be) connected** 연결되다

17

식당 입구에서 예약했다고 말할 때

뉴요커 다희 씨가 식당 입구에서 직원과 대화를 나누고 있습니다. 어떤 대화를 나누는지 살펴볼까요?

? 영어로 어떻게 말할까요?

1 **8시 30분에 두 사람 예약했어요.**

힌트 make

2 **일행분들이 모두 오셨나요?**

힌트 whole

3 **창가 쪽 자리로 주실 수 있을까요?**

힌트 possible, get

궁금증 해결은
다음 페이지에서 !

AMERICAN CULTURE

미국 식당의 Dress Code

미국에서 외식을 할 때 크게 식당을 3가지로 나눠볼 수 있는데요. 고급식당(fine dining), 일반식당(casual restaurant), 패스트푸드 식당(fast food restaurant) 등이에요. 특히 fine dining의 fine은 비싼(expensive) 식당을 가리킵니다. 그런 곳 중에서는 넥타이와 재킷을 복장으로 규정(dress code)해 놓은 곳이 있어서 미리 챙겨 입고 가야 합니다. 엄격하게 따지는 곳은 예약을 했어도 복장에 따라 입장이 불가능할 수도 있어요.

CORE SENTENCES

영어 표현에 관한 궁금증을 해결해 볼까요?

1

8시 30분에 두 사람 예약했어요.
I made a reservation for 8:30, 2 people.

---

make a reservation이 '예약을 하다'는 뜻이고요. 여기에서는 '예약을 했다'라는 과거의 일이기 때문에 **made**를 썼어요. '8시 30분'은 전치사 **for**을 써서 **for 8:30**이라고 했습니다. 이 표현 대신에 **I made a reservation for a party of 2 people at 8:30.**라고 할 수도 있어요.

➕ 추가 표현

예약한 사람의 이름을 덧붙일 때는 다음과 같이 말합니다.
I made a reservation under (the name of) Erika.
에리카라는 이름으로 예약했어요.

2

일행분들이 모두 오셨나요?
Is the whole party here?

---

party는 '일행'이라는 뜻이 있어요. **whole**을 써서 **Is the whole party here?**라고 하면 일행이 모두 왔는지 확인하는 말이에요. **Is everyone here?** 보다 조금 격식 있게 들리는 표현입니다.

➕ 추가 표현

아직 일행이 다 오지 않은 경우 다음과 같이 말하면 됩니다.
I'm expecting more to come.
아직 올 사람이 더 있어요.

3

창가 쪽 테이블이나 전망이 좋은 자리로 주실 수 있을까요?

Is it possible to get a table near a window or like somewhere with a good view?

Is it possible to~?는 '~이 가능할까요?'라는 뜻으로 요청할 때 쓰는 표현이에요. 그래서 **Is it possible to get a table near a window?**은 창가 쪽 테이블 자리로 요청한다는 의미입니다.

Is it possible to get[sit] somewhere quiet ?
조용한 자리로 주실 수 있을까요?

➕ 추가 표현

식당에 전화로 예약할 때 메뉴에 대해 물어보거나 금연석 자리 여부를 부탁할 필요도 있는데요. 그럴 때 **would like to**를 써서 다음과 같이 말할 수 있어요.

I'd like to make a reservation for tomorrow at 6 pm.
내일 오후 6시에 예약하고 싶은데요.

I need to make a reservation for 4 people.
4명 예약하고 싶습니다.

I would like to know what kind of menu do you have.
어떤 메뉴가 있는지 알고 싶은데요.

I would like a table in the non-smoking section, please.
금연석 자리로 부탁해요.

We would like a table by the window if possible.
가능하면 창가 쪽 자리에 앉을 수 있을까요?

I'd like to cancel the reservation I made for tomorrow under the name of Anne.
내일 Anne이란 이름으로 된 예약을 취소하고 싶은데요.

뉴요커 다희 씨가 식당 직원과 나누는 대화 내용입니다. 앞에서 배웠던 표현을 확인해 보세요!

Dahee	**1** 8시 30분에 두 사람 예약했어요.
Staff	May I have your name, please?
Dahee	Riley.
Staff	Thank you. **2** 일행분들이 모두 오셨나요?
Dahee	Yeah.
Staff	OK.
Dahee	**3** 창가 쪽 테이블이나 전망이 좋은 자리로 주실 수 있을까요?
Staff	Give me one second. Right now, we don't have a table near the window, but we have a private room upstairs. Would you like to…?
Dahee	A private room upstairs? Yeah, that's fine.
Staff	OK. You guys can follow me.

다희	**1** I made a reservation for 8:30, 2 people.
직원	성함이 어떻게 되세요?
다희	라일리요.
직원	감사합니다. **2** Is the whole party here?
다희	네.
직원	알겠습니다.
다희	**3** Is it possible to get a table near a window or like somewhere with a good view?
직원	잠시만요. 지금 창가 자리는 없지만 위층에 조용한 방은 있어요. 그쪽 괜찮으실까요?
다희	위층에 조용한 자리로요? 네, 좋아요.
직원	네. 저를 따라오세요.

| WORDS |

private room 조용한 방　　　**upstairs** 위층　　　**follow** 따라오다[가다]

▶ 18 예약 없이 식당을 찾았을 때

뉴요커 다희 씨가 예약 없이 식당을 방문했습니다. 식당 직원과 어떤 대화를 나누는지 살펴볼까요?

(?) 영어로 어떻게 말할까요?

예약을 안 한 경우 남은 좌석이 있는지 물어 볼 때

1 두 사람 자리 있을까요?
힌트 have, room

2 얼마나 기다려야 하나요?
힌트 have, wait

3 이름 올려 둘 수 있죠?
힌트 put, down

4 준비되면 이름 불러 주시나요?
힌트 ready

궁금증 해결은
다음 페이지에서 !

AMERICAN CULTURE

미국인의 식사 에티켓

- 일반적으로 미국 사람들은 입을 닫은 채 조용히 먹는 편이에요.
- 트림(burping)은 예의에 어긋나요. 만약 하게 된다면 꼭 Excuse me.라고 말하세요.
- 미국인들은 초콜릿이나 사탕같은 단 것(sweets)을 좋아해요.
- 햄버거, 샌드위치, 피자는 도구(utensils)를 쓰기보다는 손으로 먹어요.
- 음식에 관해서는 편리함을 추구해요. 이런 음식에 대한 철학이 햄버거, 피자 등이 있는 패스트푸드 강국을 만들었어요.

CORE SENTENCES

영어 표현에 관한 궁금증을 해결해 볼까요?

안녕하세요. 저희가 예약은 안 했는데, 두 사람 자리 있을까요?

We don't have reservations,
but do you have room for two people?

don't have reservations은 '예약을 하지 않았다'라는 뜻입니다. don't을 빼면 '예약을 하다'는 have reservations 혹은 make reservations이라고 합니다.

Do you have room for ~?는 '몇 명을 위한 자리가 남아 있나요?'라고 물을 때 쓸 수 있는 말이에요. 이와 비슷한 표현으로 Do you have a table for ~?라고 할 수도 있어요.

Do you have a table for 5 tomorrow night?
내일 저녁에 5명 자리 있나요?

얼마나 기다려야 하나요?

How long do we have to wait?

예약 없이 갔는데 The tables are full of people now.(지금 식당의 좌석이 꽉 찼어요.)라고 하네요. 이 때 얼마나 더 기다려야 하는지 How long do we have to wait?이라고 물어볼 수 있어요. How long은 '얼마나 오래'라는 뜻이고요, have to wait은 '기다려야 한다'라는 의미입니다. have to 대신에 need to를 써도 됩니다.

A: **How long do we need to wait?** 얼마나 오래 기다려야 할까요?
B: **It'll take about ten minutes.** 10분 정도 걸릴 거 같아요.

➕추가표현

자리가 없어서 '얼마나 더 오래 기다려야 하나요?'라고 물을 때 다음 표현을 쓸 수 있어요.
How much longer is the wait?
= How much people are ahead of us?
얼마나 더 오래 기다려야 할까요?

3

이름 올려 둘 수 있죠?
Can I put my name down?

Can I ~?는 요청할 때 물어보는 패턴이에요. 이와 비슷한 표현으로 Could I ~?나 May I ~? 쓸 수 있고 please를 덧붙이면 좀더 공손한 느낌을 줍니다. put down은 '적어서 기록을 남기다'라는 뜻입니다. write down이나 put in writing은 같은 의미입니다.

I put a few ideas down on paper. 나는 종이에 아이디어를 몇 개 적어 두었어.

➕ 추가 표현

요청 할 때 쓰는 표현을 몇 가지 더 알아볼게요.

격식 없이 쓸 수 있는 표현(informal)입니다.
Can I have some water? 물 좀 주시겠어요?

어느 정도 격식을 갖춘 표현(semi-formal)입니다.
Could you clear the table, please? 테이블 좀 치워 주시겠어요?

격식 있는 표현(formal)입니다.
May I have your name? 이름을 부탁드려도 될까요?

4

준비되면 이름 불러 주시나요?
Will you call our names
when it's ready?

call our names은 '이름을 부르다'는 뜻이고요, when it's ready는 '준비가 되다'라는 의미입니다. 아래와 같이 말할 수도 있습니다.

I will come back when it's ready. 준비가 되면 돌아올게요.

🎧 18. mp3

뉴요커 다희 씨가 식당 직원과 나누는 대화 내용입니다. 앞에서 배웠던 표현을 확인해 보세요!

Dahee	So hungry!
Friend	I know, it's supposed to be really good here, you know.
Dahee	It's my first time here.
Friend	Yeah, me too.
Dahee	Hi. **1** 저희가 예약은 안 했는데, 두 사람 자리 있을까요?
Receptionist	No, we don't have room for two people now, because it's busy, so we don't have room.
Dahee	**2** 얼마나 기다려야 하나요?
Receptionist	Like 15 minutes.
Dahee	15 minutes? OK. **3** 이름 올려 둘 수 있죠? My name is Riley.
Receptionist	OK.
Dahee	**4** 준비되면 이름 불러 주시나요?
Receptionist	Yes, I'll call your name.
Dahee	Thank you. 15 minutes, not bad.
Friend	Not at all.
Dahee	We can wait outside.

다희　너무 배고프다!
친구　그러게, 근데 진짜 괜찮다던데.
다희　여긴 처음 와 봐.
친구　응, 나도.
다희　안녕하세요. **1** We don't have reservations, but do you have room for two people?
접수원　아뇨, 지금 두 분 자리는 없네요, 지금 바쁜 시간이라서 자리가 없어요.
다희　**2** How long do we have to wait?
접수원　15분 정도요.
다희　15분이요. 알겠습니다. **3** Can I put my name down? 라일리예요.
접수원　네.
다희　**4** Will you call our names when it's ready?
접수원　네, 성함 불러드려요.
다희　감사해요. 15분이면 나쁘지 않네.
친구　완전.
다희　밖에서 기다리면 되겠다.

|WORDS|

be supposed to ~인 것으로 여겨지다　　　**like** 대략(= roughly)　　　**Not at all.** 괜찮아요.

95

19

남은 음식 포장해 달라고 요청할 때

뉴요커 다희 씨가 음식점에서 직원과 대화를 나누고 있습니다. 어떤 대화를 나누는지 살펴볼까요?

[?] 영어로 어떻게 말할까요?

1 테이블 좀 치워 주시겠어요?
[힌트] get, cleared

2 그리고 샌드위치랑 샐러드는 포장해 주시겠어요?
[힌트] to-go boxes

3 반반씩 계산할 수 있을까요?
[힌트] split

4 거의 다 먹었어.
[힌트] finished

궁금증 해결은
다음 페이지에서 [!]

AMERICAN CULTURE

Doggy Bag

일부 유럽에서는 위생상의 이유로 또는 음식이 상할까봐 남은 음식을 싸주는 것을 거부하는 경우도 있지만 최근에는 환경보호 및 음식의 낭비를 줄이기 위해 식당에서 이를 거절하는 것을 불법으로 지정하는 경우도 있다고 합니다. 반면에, 미국에서는 남은 음식을 싸가는 봉투를 요청하는 것은 아주 흔히 있는 일인데요. 집에 있는 강아지에게 준다고 했던 말에서 유래해서 doggy bag이라는 말이 생겼는데, 실제로는 이 말 대신에 to-go box를 많이 씁니다.

CORE SENTENCES

영어 표현에 관한 궁금증을 해결해 볼까요?

1

테이블 좀 치워주시겠어요?

Could we get this cleared from our table?

Could we~?는 상대방에게 공손하게 요청할 때 쓰는 표현입니다. 여기서 '치우다'는 **clear**를 써서 **Could we get this cleared from out table?**이라고 하면 '테이블을 치워 주시겠어요?'라는 뜻입니다. 좀더 간단히 **Could you clear the table?**이라고 해도 됩니다.

Could we get this cleared from our table?
= Could you clear the table?

2

그리고 샌드위치랑 샐러드는 포장해 주시겠어요?

Then also to-go boxes for the sandwich and the salad?

남은 음식을 싸달라고 요청할 때 **to-go boxes**를 써서 표현할 수 있습니다. 위의 표현 대신에 **Can I get this to to-go boxes?**라고 하면 남은 음식을 포장해 줍니다. 또는 **I'd like to take this home.**이라고 할 수도 있어요.

 추가 표현

식당에서 주문할 때 점원이 보통 다음과 같이 먼저 말합니다.

For here or to go?
여기서 드시겠어요, 포장해 가시겠어요?

CORE SENTENCES

---

3 반반씩 계산할 수 있을까요?
Is it possible to split the bill in half?

Is it possible to ~?은 '~이 가능할까요?'라고 요청할 때 쓸 수 있는 표현이에요. 이 대신에 가능의 조동사 **Can**을 써도 됩니다. 그리고, **split the bill in half**은 '반반씩 나누어 낸다'는 뜻이에요. **Let's go dutch.**와 같은 의미입니다. 하지만 **dutch pay**는 콩글리시로 영어에서는 안 통하는 말이에요.

Let's split the bill. = Let's go dutch.

가끔씩 좋은 일이 생기면 밥을 살 때가 있죠? 그럴 때 다음과 같이 말합니다.
The bill is on me. = It's my treat.
내가 쏠게.

---

4 거의 다 먹었어.
(We) Finished most of it.

일상회화에서는 친구들과 얘기할 때 주어를 생략하기도 하는데요. 바로 이 경우가 그렇습니다. **finished** 앞에는 주어 **We**가 생략되었어요. 여기서 **finish**는 '먹는 것이나 마시는 것을 모두 다 해치웠다'라는 의미입니다.

She just finished her tea.
그녀는 방금 차를 다 마셨어요.

뉴요커 다희 씨와 애슐리가 식당 직원과 나누는 대화 내용입니다. 앞에서 배웠던 표현을 확인해 보세요!

Dahee	**1** 테이블 좀 치워주시겠어요? **2** 그리고 샌드위치랑 샐러드는 포장해 주시겠어요? **Thank you. And then can we also get the check?** **3** 음, 반반씩 계산할 수 있을까요?
Server	**Sure, no problem.**
Dahee	**Well, that was a lot of food.**
Ashley	**I know. It was so good. We did a good job.** **4** 거의 다 먹었어.
Dahee	**So full.**
Ashley	**I know.**

다희	**1** Could we get this cleared from our table? **2** And then also to-go boxes for the sandwich and the salad? 감사합니다. 계산서도 주시겠어요? **3** Um, is it possible to split the bill in half?
직원	물론이죠, 그렇게 하세요.
다희	와, 진짜 많이 먹었다.
애슐리	그러게. 정말 맛있었어. 우리 잘했네. **4** (We) finished most of it.
다희	너무 배불러.
애슐리	그러게.

| WORDS |

do a good job 잘하다

20

음식이 안 나올 때

뉴요커 다희 씨가 식당 직원과 대화를 나누고 있습니다. 어떤 대화를 나누는지 살펴볼까요?

[?] 영어로 어떻게 말할까요?

1 주문한 지 30분이나 지났어요.

[힌트] since

2 제가 주문한 음식은 언제 나오는지 궁금한데요.

[힌트] wondering

3 이거 제가 주문한 게 아닌데요.

[힌트] what

4 제가 가서 직접 확인해 보겠습니다.

[힌트] check, personally

궁금증 해결은
다음 페이지에서 [!]

AMERICAN CULTURE

컴플레인 4단계 방법

서비스나 음식에 대해 불만이 생긴 경우에 컴플레인을 하게 되는데요. 이 때 공손하게 상대방을 존중하는 태도로 말을 해야 문제를 해결하는데 도움이 됩니다.

1단계. 즉시 행동하세요. 음식을 반쯤이상 먹고 불평하지 않도록 하세요. 그래야 문제를 빨리 해결할 수 있어요.

2단계. 자리에서 일어나 웨이터를 찾으러 가거나 큰소리로 외치거나 하는 행동은 피해 주세요. 굉장히 무례하다고 생각해요.

예시. **Excuse me... I'm sorry to bother you, but...** 미안하지만...

3단계. 음식에 대한 문제를 설명하세요.

예시. **There's a problem with my soup.** 제 수프가 좀 이상해요.

4단계. 음식 예상과 다를 때 불만족스러운 점을 말하세요.

예시. **This isn't what I was expecting at all.** 이것은 제가 기대하던 게 아니에요.

CORE SENTENCES

영어 표현에 관한 궁금증을 해결해 볼까요?

 1

주문한 지 30분이나 지났어요.

It's been like 30 minutes since I ordered.

주문을 한 지 꽤 됐는데 음식이 아직 나오지 않을 경우 어떻게 된 건지 물어 봐야겠죠. 그럴 때는 먼저 **Excuse me.**라고 하고 난 다음에 내가 기다린 시간을 말하면 돼요. '시간이 ~나 되었다'는 '**It's been like**+시간/분.'으로 말하면 되는데요. 여기서 **like**는 '대략' 정도의 뜻이에요. **since**는 '~를 한 이후에'라는 접속사로 '내가 주문한 이후에'는 **since I ordered**라고 하면 돼요. 비슷하지만 간단하게 말할 때는 아래와 같이 말할 수도 있어요.

I ordered my food 30 minutes ago.
30분 전에 주문했는데요.

 2

제가 주문한 음식은 언제 나오는지 궁금한데요.

I was wondering where my food is.

I was wondering은 다음에 나오는 내용에 대해 모르겠다, 즉 '궁금해 하고 있다'는 뜻입니다. 직접적으로 **When is my food coming out?**이라고 물어볼 수도 있습니다.

I was wondering where Jane is.
제인이 어디쯤 있는지 궁금하다.
(지금 제인을 기다린 지 좀 됐는데 그녀가 도착하지 않고 있다는 의미입니다.)

3

이거 제가 주문한 게 아닌데요.
I don't think this is what I ordered.

막상 기다리던 음식이 나왔는데 주문한 것이 아닌 다른 음식이 나왔을 때 쓸 수 있는 표현이에요. '내가 주문했던 것'은 **what I ordered**라고 해요. 여기에 **I don't think this is** '이것은 아닌 것 같다'를 합치면 '내가 주문한 게 아니다'라는 의미가 됩니다. 그냥 간단히 **This is not what I ordered.**라고 할 수도 있어요.

➕ 추가 표현

구체적으로 컴플레인할 때 쓸 수 표현을 몇 개 더 알아볼게요.
I didn't order this pizza.
이 피자를 주문하지 않았는데요.

This spaghetti is too cold.
스파게티가 너무 식었어요.

The meat is slightly overcooked.
고기가 약간 탔어요.

4

제가 가서 직접 확인해 보겠습니다.
I'll go to check it out personally.

손님의 컴플레인을 듣고 담당 서버가 직접 가서 확인한다고 할 때 쓴 표현이에요. **check it out**은 '확인하다'라는 뜻으로 연음해서 [체키라웉]이라고 발음해야 해요. 식당의 실수가 밝혀졌을 때 다음과 같이 서비스를 제공한다는 말을 들을 수 있습니다.

This is on the house. 이건 서비스로 드리는 거예요.

personally는 '본인이 직접' 한다는 의미예요.

I like to cook personally. 나는 요리를 직접 해 먹는 것을 좋아해요.

뉴요커 다희 씨가 식당 직원과 나누는 대화 내용입니다. 앞에서 배웠던 표현을 확인해 보세요!

Dahee	**1** 주문한지 30분이나 지났어요. **2** 제가 주문한 음식은 언제 나오는지 궁금한데요.
Server	Let me go check it out right now.
Dahee	OK. Thank you.
Server	Enjoy.
Dahee	**3** 이거 제가 주문한 게 아닌데요.
Server	I'm sorry for that. So sorry, I apologize, the kitchen is very busy right now. **4** 제가 가서 직접 확인해 보겠습니다. So sorry.
Dahee	OK, OK. Thank you. That's OK.

다희	**1** It's been like 30 minutes since I ordered. **2** I was wondering where my food is.
직원	제가 지금 가서 확인해 보겠습니다.
다희	네. 감사해요.
직원	맛있게 드세요.
다희	**3** I don't think this is what I ordered.
직원	죄송합니다. 정말 죄송해요. 지금 주방이 너무 바빠서요. **4** I'll go to check it out personally. 죄송해요.
다희	네, 네, 고맙습니다. 괜찮아요.

| WORDS |

check out ~을 확인해 보다   **apologize** 사과하다(격식 있고 더 정중한 표현)

21 ▶ 특정 메뉴에 관해 물어볼 때

뉴요커 다희 씨가 식당에서 직원과 대화를 나누고 있습니다. 어떤 대화를 나누고 있는지 살펴볼까요?

?) 영어로 어떻게 말할까요?

1 해산물이 전혀 안 들어간 음식을 추천해 주시겠어요?
> 힌트 seafood

2 저희 옆 테이블에서 먹고 있는 건 뭔가요?
> 힌트 can, ask

3 옆 테이블과 같은 거로 주세요.
> 힌트 the same

4 지금은 물이면 돼요.
> 힌트 fine

5 고기가 살짝 좀 덜 익은 것 같아요.
> 힌트 undercooked

> 궁금증 해결은
> 다음 페이지에서 !

AMERICAN CULTURE

Customize Your Orders(취향대로 주문하세요)

나라에 따라 음식이 나간 후에 조미료를 요청하거나 소금, 케첩 등을 요구하는 것을 무례하다고 여기는 경우가 있습니다. 하지만 미국에서는 개인의 취향을 존중합니다. 테이블에 기본 향신료가 미리 준비되어 있는 것은 물론 주문 시에 아주 자세하게 주문을 하는 것도 가능합니다.

CORE SENTENCES

영어 표현에 관한 궁금증을 해결해 볼까요?

1

해산물이 전혀 안 들어간 음식을 추천해 주시겠어요?

What do you recommend that doesn't have any seafood in it?

'어떤 것을 추천 하시나요?'는 **What do you recommend?**라고 해요. '~이 들어 있지 않은 것'은 **that doesn't have any seafood in it**이라고 해요. 이를 합쳐서 '~이 들어 있지 않은 메뉴로 추천해 주시겠습니까'는 **What do you recommend that doesn't have ~ in it?** 패턴으로 특정 메뉴를 원하지 않을 때 쓸 수 있어요.

What do you recommend that doesn't have _____ **in it?**

pork 돼지고기
beef 소고기
chicken 닭고기

2

저희 옆 테이블에서 먹고 있는 건 뭔가요?

Can I ask what the table next to us are eating?

Can I ask~?는 '~해도 되는지 물어봐도 될까요?'라고 무엇인가 요청할 때 쓸 수 있어요. **What the table next to us are eating**은 '옆 테이블에서 먹는 것'이라는 뜻입니다.

eat 대신에 **have**를 써서 다음과 같은 표현도 가능해요.
Can I ask what the table next to us are having?

CORE SENTENCES

3

옆 테이블과 같은 거로 주세요.
I'll have the same thing as the next.

무엇을 시켜야 할지 잘 모를 때 '옆 테이블과 같은 거로 주세요'라고 말할 때 I'll have the same thing.이라고 하면 됩니다. as the next 다음에 table이 생략되었어요.

 추가 표현

일행이 주문한 것을 따라할 때 다음과 같이 말합니다.
Make it two, please. 그걸로 두 개 주세요.

4

지금은 물이면 돼요.
Water is fine for now.

'물이면 돼요'는 Water is fine. 혹은 I'll just have the water.라고 하면 됩니다. ~ is fine for now. 는 '지금으로서는 ~으로 충분하다'라는 뜻입니다. for now는 지금 현재로서는 그렇다는 뉘앙스이기 때문에 나중에 다른 걸 추가적으로 시킬 수 있다라는 의미가 포함되어 있어요.

Everything is fine for now.
지금으로서는 모두 좋습니다.

5

고기가 살짝 좀 덜 익은 것 같아요.
I think, the meat is slightly undercooked.

'살짝 덜 익은 것 같다'라고 할 때 undercooked를 써서 be slightly undercooked라고 하면 됩니다. 반대로 '여기 약간 탄 거 같아요'라고 할 때는 '(음식이) 너무 익은'의 be overcooked를 씁니다.

뉴요커 다희 씨가 식당 직원과 나누는 대화 내용입니다. 앞에서 배웠던 표현을 확인해 보세요!

Dahee   Hi.

Server   How are you doing today?

Dahee   Good. How are you?

Server   Welcome to YOON Galbi. So my name is Sedrick, I'm the manager. I'm gonna take care of you this evening.

Dahee   OK.

Server   What can I get for you?

Dahee   Um... first, I wanna ask... **1** 해산물이 전혀 안 들어간 음식을 추천해 주시겠어요?

Server   Any seafood... OK. It'll be good to go straight to the meat. So, we have one per person by yourself, right? So we have this cut and this package, I'd recommend you do it for yourself. Or try it with traditional like a short rib, like a fresh short rib and we have marinated short rib. But I'd recommend you do the fresh short rib that way you wanna have what would taste with the fresh food. And we have on the side all the sauce, salt, so you can eat with it.

Dahee   OK. **2** 저희 옆 테이블에서 먹고 있는 건 뭔가요?

Server   The table, they're eating, it's beef jijimi. It's one of the hot appetizers.

Dahee   This one, right here?

Server   Absolutely. They don't have any seafood, they come with the soy sauce on the side so you can dip. It's like a really good appetizer. It's small like 5 pieces but really tasty.

Dahee   OK, so... **3** 옆 테이블과 같은 거로 주세요.

Server   Do you wanna try first beef jijimi? And later on you wanna have the fresh short rib, right? Would you like something to drink?

Dahee   **4** 지금은 물이면 돼요.

Server   Water is fine? Absolutely, so I'll be right back.

Dahee	Thank you.
Server	Let me take these menus back, and I wanna put your plates.
Dahee	Thank you.
Dahee	**5** 고기가 살짝 좀 덜 익은 것 같아요.
Server	Undercooked?
Dahee	Could you…
Server	OK, let me just double check to my chef and let me take this one away and let me bring you another dish so it's gonna be the makeup. It's gonna be really good.
Dahee	OK. Thank you.
Server	Let me talk to my chef, and I apologize.
Dahee	OK. Thanks.

다희	안녕하세요.
직원	안녕하세요?
다희	네, 안녕하세요?
직원	윤갈비에 오신 걸 환영합니다. 제 이름은 세드릭이고, 매니저입니다. 제가 오늘 저녁, 이 테이블 담당입니다.
다희	네.
직원	뭘 드릴까요?
다희	음… 먼저, 궁금한 게… **1** What do you recommend that doesn't have any seafood in it?
직원	해산물 없는 메뉴라… 네. 고기 요리로 바로 넘어가는 게 좋겠네요. 저희는 고기를 1인분씩 팔아요. 이 부위랑 이 패키지 메뉴가 있어요, 직접 구워 드시는 걸 추천해 드려요. 아니면 전통적인 메뉴로 갈비가 있는데요, 생갈비와 양념 갈비가 있어요. 근데, 저는 생갈비를 추천해요, 깔끔한 맛으로 드실 수 있거든요. 다양한 소스와 소금을 한쪽에 드려요, 그러면 찍어 드시면 돼요.
다희	네. **2** Can I ask what the table next to us are eating?
직원	저 테이블에서 먹는 건 소고기 지짐이입니다. 인기가 많은 애피타이저 중 하나죠.
다희	여기 이거죠?
직원	네. 해산물은 안 들어가고요, 간장이 같이 나오니까 찍어 드시면 됩니다. 정말 맛있는 애피타이저예요. 5조각 정도로 양은 좀 적지만 정말 맛있습니다.
다희	그렇군요, 그럼… **3** I'll have the same thing as the next.
직원	먼저 소고기 지짐이부터 드시겠어요? 그리고 나중에 생갈비를 드시는 거, 맞죠? 음료도 하시겠어요?

다희   **4** Water is fine for now.

직원   물만요. 알겠습니다, 곧 준비해 드릴게요.

다희   감사합니다.

직원   이 메뉴판들은 다시 가져가고, (여기에) 손님 접시를 둘게요.

다희   감사합니다.

다희   **5** I think, the meat is slightly undercooked.

직원   덜 익었나요?

다희   저기, 좀…

직원   네, 제가 주방에 가서 다시 한번 확인해 볼게요, 그리고 이건 가져가고, 새로 가져다드리겠습니다. 그러면 좀 괜찮으실 거예요. 그건 정말 드시기 좋을 거예요.

다희   네. 감사해요.

직원   주방에 이야기하겠습니다, 죄송합니다.

다희   네, 감사해요.

|WORDS|

fresh short rib 생갈비   marinated short rib 양념된 갈비   tasty 맛있는(= delicious)

22

카페에서 주문할 때

뉴요커 다희 씨가 카페에서 직원과 대화를 나누고 있습니다. 어떤 대화를 나누는지 살펴볼까요?

? 영어로 어떻게 말할까요?

1 차이 라테 한 잔이요.

힌트 do

2 무지방 우유로 주시겠어요?

힌트 get that with

3 아주 뜨겁게 해 주실 수 있나요?

힌트 hot

4 제 텀블러에 담아 주실 수 있나요?

힌트 get

궁금증 해결은
다음 페이지에서 !

AMERICAN CULTURE

커피를 사랑하는 미국의 커피 문화

미국 영화나 드라마에서 흔히 볼 수 있듯이 주인공들은 커피를 마셔야 무슨 일이든 시작할 정도로 미국인의 커피 사랑은 특별합니다. 시간과 장소를 가리지 않고 언제 어디서든 커피를 마십니다. 눈을 뜨자마자 마시고, 출근해서 마시고, 일하다가 마시고 퇴근해서도 마십니다. 쇼핑할 때도 마시고, 산책할 때도 마시고, 데이트할 때도 커피는 빠질 수 없죠. 이런 커피에 대한 사랑은 미국을 세계 최대 커피 소비 국가로 만들었고, 스타벅스 같이 세계 최대 커피 브랜드를 탄생시켰습니다. 이렇게 스타벅스는 미국에서 전 세계로 전파되지만 커피를 즐기는 모습은 나라마다 사뭇 다른데요. 우리나라처럼 커피를 매장에서 친구들과 느긋하게 담소를 즐기며 함께 마시는 나라가 있는가 하면, 미국에서는 커다란 컵에 테이크 아웃을 해서 들고 다니는 모습이 아주 흔합니다.

CORE SENTENCES

영어 표현에 관한 궁금증을 해결해 볼까요?

1 차이 라테 한 잔이요.

I'll do the chai latte.

'~을 주시겠어요'하고 물으면 대답으로 **I'll have~**나 **Can I get[have]~?**을 많이 쓰는데요. 이 표현 이외에 '(음료는) ~로 할게요'라는 의미로 **I'll do**도 쓸 수 있어요.

Can I get the mocha coffee?
모카 커피 한 잔 주세요.

2 무지방 우유로 주시겠어요?

Can I get that with skim milk, please?

커피에 들어가는 우유를 특별한 것으로 지정하고 싶을 때 **Can I get that with ~?** 패턴을 써서 말해 보세요. 빈칸에는 본인이 원하는 우유의 종류를 넣으시면 됩니다.

Can I get that with _____?
　　　　　　　　　low-fat milk 저지방 우유
　　　　　　　　　skim milk[non-fat milk] 무지방 우유
　　　　　　　　　soy milk 두유

➕ 추가 표현

바쁜 현대인들은 주문을 빨리빨리 하고 싶어하는데요. 만약 메뉴를 읽을 시간이 필요하다면 뒤에 있는 사람에게 양보할 수도 있겠죠. 그럴 때 아래 표현을 쓸 수 있어요.
You can go ahead. I'm still deciding.
먼저 주문하세요. 저는 고르는 중이라서요.

3

아주 뜨겁게 해 주실 수 있나요?

Can I get it extra hot?

'~ 해주실 수 있나요?' 하고 요청할 때 **Can I get ~?** 패턴을 쓸 수 있습니다. 아주 뜨겁게 해달라고 요청할 때는 **hot** 대신에 **extra hot**을 써서 **Can I get it extra hot?**이라고 하면 됩니다. 뒤에 **please**를 붙이면 더 공손한 느낌입니다. 이 외에도 '아주 차갑게'는 **extra ice**, '샷 추가'는 **extra shot**을 씁니다. **extra** 대신에 **really**를 써도 됩니다.

Can I get it _____, please?

> **extra ice** 아주 차갑게, 얼음 추가
> **extra shot** 샷 추가
> **extra whipped cream** 휘핑 크림을 더 많이
> **extra drizzle** 시럽을 더 많이

➕추가표현

주문할 때 메뉴를 고른 다음에 아래와 같이 말할 수도 있어요.

I'll do that.
그 걸로 할게요.

4

제 텀블러에 담아주실 수 있나요?

Could I get this in my own tumbler, like a cup?

요즘은 환경을 보호하는 차원에서 텀블러를 이용하는 사람이 많아지고 있습니다. 커피를 텀블러에 넣어 달라고 할 때 이 표현을 쓸 수 있어요. **like a cup**을 빼고 **Could I get this in my own tumbler?** 만 써도 돼요. 텀블러 뚜껑과 빨대는 빼서 바리스타에게 주는 게 매너라는 것도 함께 기억하세요.

뉴요커 다희 씨가 카페 직원과 나누는 대화 내용입니다. 앞에서 배웠던 표현을 확인해 보세요!

Dahee	Can I order? **1** 차이 라테 한 잔이요. **2** 무지방 우유로 주시겠어요?
Cashier	Skim milk and what size?
Dahee	A large.
Cashier	OK. Large skim chai.
Dahee	Does it have any whipping cream, whipped cream, on it or anything?
Cashier	If you want, we can put some whipping cream.
Dahee	OK and then, **3** 아주 뜨겁게 해 주실 수 있나요? If that's possible?
Cashier	OK, sure.
Dahee	And then, for a cold drink, could you also recommend something?
Cashier	Yes, so we have a Mona Lisa, frozen Mona Lisa so that one is like a frappuccino, but it is not too sweet like Star*****.
Dahee	What about not anything frappuccino?
Cashier	Like cold iced?
Dahee	Yes.
Cashier	We have iced matcha.
Dahee	OK. I'll do that, and can I get that also in a large?
Cashier	Large iced matcha?
Dahee	Yes, **4** 제 텀블러에 담아 주실 수 있나요?
Cashier	Yes, sure.
Dahee	Sorry, I have it with me.
Cashier	So which one do you want to put in here?
Dahee	The iced.
Cashier	The iced matcha?
Dahee	Yes.
Cashier	OK. Anything else?
Dahee	No, thank you. Could you rinse it for me once?
Cashier	Can you just remove the top for me?

Dahee	It's actually like...
Cashier	I can't remove... just sanitation stuff. Sorry. We can't hold the straw in that. I'm sorry.
Dahee	Oh, thank you. And will it …?
Cashier	We're just gonna call it.
Dahee	OK. Thank you.

다희	주문해도 될까요? **1** I'll do the chai latte. **2** Can I get that with skim milk, please?
계산대 종업원	무지방 우유에 어떤 사이즈요?
다희	라지로 주세요.
계산대 종업원	네. 무지방 차이 라떼 라지로요.
다희	혹시 휘핑크림이나 다른 게 올라가나요?
계산대 종업원	원하시면 휘핑크림을 추가해 드릴 수 있어요.
다희	네, 그리고 **3** Can I get it extra hot? 가능하면요?
계산대 종업원	물론이죠.
다희	그리고, 차가운 음료 중에도 추천해 주실 수 있나요?
계산대 종업원	아, 모나리자가 있어요. 프로즌 모나리자요 프라푸치노 같은 거예요, 근데 스타**처럼 그렇게 달지는 않아요.
다희	프라푸치노 말고는 뭐가 있나요?
계산대 종업원	차가운 얼음 음료 같은 것 말씀이시죠?
다희	네.
계산대 종업원	아이스 녹차도 있어요.
다희	네. 그걸로 할게요, 그리고 그것도 라지로 주시겠어요?
계산대 종업원	아이스 녹차 라지로요?
다희	네, **4** Could I get this in my own tumbler, like a cup?
계산대 종업원	네, 그럼요.
다희	미안해요, 텀블러가 (여기) 있는데.
계산대 종업원	어떤 걸로 담아드릴까요?
다희	아이스요.
계산대 종업원	아이스 녹차로요?
다희	네.
계산대 종업원	네, 더 필요하신 것 있으세요?
다희	없어요. 그거 한번 헹궈 주실 수 있나요?

계산대 종업원	뚜껑만 빼주실 수 있을까요?
다희	이건 사실...
계산대 종업원	위생 때문에 제가 못 해서요. 죄송해요. 빨대도 가지고 있을 수 없어서요. 죄송합니다.
다희	아, 고마워요. 그럼 음료는…?
계산대 종업원	저희가 불러 드릴게요.
다희	좋네요. 감사합니다.

|WORDS|

I'll do that. 그것으로 할게요.　　　　**rinse** 헹구다　　　　**remove** 빼다, 제거하다

sanitation 위생　　　　**hold** ~는 하지 말라

23

메뉴 주문할 때 1

뉴요커 다희 씨가 식당에서 직원과 대화를 나누고 있습니다. 어떤 대화를 나누는지 살펴볼까요?

? 영어로 어떻게 말할까요?

1 그럼 타번 치킨 덜 맵게 해 주실 수 있나요?

[힌트] less

2 수프 대신 샐러드로 바꿔 주실 수 있나요?

[힌트] instead

3 그냥 샌드위치를 주문하고 샐러드 추가하는 거 어때, 응?

[힌트] as a side

4 아르굴라 앤드 스프링 믹스로 주시는데, 소스는 한쪽에만 뿌려 주시겠어요?

[힌트] dressing, on the side

궁금증 해결은
다음 페이지에서 !

AMERICAN CULTURE

Eating-out is fun!(외식은 즐거워!)

바쁜 삶 속에서 미국인들은 편리함 때문에 외식을 자주 합니다. 하지만 다문화 사회에서 비롯된 다양한 식문화로 음식 선택의 폭이 넓기 때문이라는 이유도 적지 않습니다. 새로운 음식에 도전하고 경험하는 것 자체를 즐기는 거죠. 그래서 미국에서는 아무리 작은 마을이라도 피자는 물론, 중식, 일식, 멕시코 음식 등 세계 여러 나라 음식을 쉽게 찾아볼 수 있습니다.

CORE SENTENCES

영어 표현에 관한 궁금증을 해결해 볼까요?

 1

타번 치킨 덜 맵게 해 주실 수 있나요?

Can we get the tavern chicken with less spice?

음식을 주문할 때 원어민들은 **I want** 보다는 **Can I get ~?**을 많이 씁니다. 우선 이렇게 하면 주문을 바꿀 때도 자연스럽게 이어갈 수 있고, 주문을 받는 사람에게도 좀더 공손하게 들립니다. **spice**는 '향신료'라는 뜻으로 **with less spice**는 '향신료를 적게' 해달라는 의미입니다. 반대로 '더 맵게' 해달라고 할 때는 **extra**를 써서 **with extra spice**라고 하면 됩니다.

Can I get the curry with extra spice?
커리를 더 맵게 해주실 수 있나요?

 추가 표현

주문할 때 **do**를 써서 **do the tavern chicken**이라고 할 수 있습니다.
We're gonna do the tavern chicken.
타번 치킨 하나요.

I'll do the lunch special.
저는 런치 스페셜로 할게요.

고기 굽기에 대해 말할 때 **rare**(덜 익힌), **medium**(살짝 익힌), **well-done**(잘 익힌)으로 주문하면 됩니다.
I wanted my steak well done.
저는 스테이크를 잘 익혀주세요.

 2

수프 대신 샐러드로 바꿔주실 수 있나요?

Instead of soup, can I get a salad?

instead of는 '~대신에'라는 뜻으로 다른 것으로 바꾸고 싶을 때 씁니다. 위치는 문장의 앞이나 뒤에 자유롭게 올 수 있습니다.

Can I have tuna instead of ham?
햄 대신에 참치를 먹을 수 있을까요?

CORE SENTENCES

---

3 그냥 샌드위치에 샐러드를 사이드로 추가하는 거 어때, 응?
Why don't we just get a sandwich and then a salad as a side, right?

Why don't we~?는 '~하는 게 어때?'라는 뜻으로 상대방도 동의할 거라는 기대를 갖고 제안할 때 씁니다.

I don't feel like cooking now. Why don't we order pizza or something?
지금 요리하고 싶지 않은데. 우리 피자나 주문해서 먹을까?

Why don't we each order a soup as a side?
우리 각자 사이드로 수프를 시키는게 어때?

as a side는 주 요리에 곁들이는 요리를 말합니다. 또 **right?**은 '알겠니?'라는 뜻으로 상대방의 동의를 구할 때 쓸 수 있어요.

---

4 아르굴라 앤드 스프링 믹스로 주시는데, 소스는 한쪽에만 뿌려주시겠어요?
Can we do the arugula and spring mix but with dressing on the side?

Can we do~?는 '~할 수 있을까요?'라는 공손하게 요청하는 표현입니다. **arugula and spring mix**는 샐러드 종류예요. **but** 다음에는 강조하는 내용이 나온다고 보시면 돼요. 보통 샐러드는 소스와 곁들이는 경우가 많지요? 그럴 때 전체적으로 뿌리지 말고 한쪽에만 뿌려 달라고 요청할 때 **on the side** 쓸 수 있어요. 아래와 같이 **on the side**는 얼음을 따로 달라고 할 때도 쓸 수 있습니다.

Can I get the ice on the side?
얼음은 따로 주시겠어요?

뉴요커 다희 씨가 식당 직원과 나누는 대화 내용입니다. 앞에서 배웠던 표현을 확인해 보세요!

Dahee	We're ready to order.
Server	What can I get for you?
Dahee	OK, um, we're gonna do the tavern chicken, and I saw that it was kind of like spicy, because you don't do spice, a lot of spice, right?
Ashley	Not really.
Dahee	**1** 그럼 타번 치킨 덜 맵게 해 주실 수 있나요?
Server	Yes.
Dahee	And then, also the grilled brochette with the rib eye.
Server	How would you like that cooked?
Dahee	Medium-rare?
Ashley	Yep.
Server	Sure.
Dahee	OK, and then….
Server	Anything to start?
Ashley	And then… Can I do the lunch special with the soup and sandwich but… **2** 그런데… 수프 대신 샐러드로 바꿔주실 수 있나요?
Server	No, we only do… You can do the soup and salad if you would like.
Ashley	No…
Dahee	OK, then let's just get the soup and sandwich and then a salad on the side?
Ashley	**3** 그냥 샌드위치에 샐러드를 사이드로 추가하는 거 어때, 응?
Dahee	Yeah, yeah.
Ashley	Perfect. Alright. I'll do the caprese sandwich, then.
Server	Good.
Ashley	And then… which salad do you want?
Dahee	Let's do the arugula and spring mix
Ashley	**4** 아르굴라 앤드 스프링 믹스로 주시는데, 소스는 한쪽에만 뿌려주시겠어요?
Server	Yes.

Ashley	**Thank you so much.**
Server	**No problem.**

다희	주문할게요.
직원	무엇으로 드릴까요?
다희	네, 음, 타번 치킨 하나랑요, 이거 매워 보이는데, 너는 매운 거 싫지, 많이 매운거, 맞지?
애슬리	맞아.
다희	Then **1** can we get the tavern chicken with less spice?
직원	네.
다희	그리고, 그릴에 구운 브로쉐 갈비 하나도 주시고요.
직원	굽기는 어떻게 해드릴까요?
다희	미디엄-레어?
애슬리	좋아.
직원	네.
다희	네, 그리고…
직원	스타터는 필요 없으시고요?
애슬리	그러면… 수프랑 샌드위치 나오는 런치 스페셜로 주시겠어요? **2** Instead of soup, can I get a salad?
직원	아뇨, 원하시면 수프랑 샐러드를 주문하실 순 있어요.
애슬리	아뇨…
다희	아, 그럼 수프와 샌드위치를 하고 사이드로 샐러드 추가할까?
애슬리	**3** Why don't we just get a sandwich and then a salad as a side, right?
다희	그래, 그래.
애슬리	좋아. 그럼 카프레제 샌드위치로 할게요.
직원	네.
애슬리	그리고… 샐러드는 뭐로 할래?
다희	아르굴라 앤드 스프링 믹스로 하자.
애슬리	**4** Can we do the arugula and spring mix but with dressing on the side?
직원	그럼요.
애슬리	감사합니다.
직원	언제든지요.

| WORDS |

We're gonna do+음식 ~를 주문할게요   **Not really.** 별로 아니다(no보다는 조금 약하게 부정을 나타낼 때)

24 ▶ 메뉴 주문할 때 2

뉴요커 다희 씨가 식당에서 직원과 대화를 나누고 있습니다. 어떤 대화를 나누는지 살펴볼까요?

⁇ 영어로 어떻게 말할까요?

1 해산물 들어간 요리가 있나요?

(힌트) dishes

2 새우는 신선한가요?

(힌트) seafood, fresh

3 나눠 먹을 그릇, 아니면 접시 두 개도 주세요.

(힌트) separate, plates

4 다 너무 맛있어 보여.

(힌트) everything

궁금증 해결은
다음 페이지에서 !

AMERICAN CULTURE

Picky American on Food(음식에 까다로운 미국인들)

대부분의 미국 사람들이 식당에서 아주 까다롭게 자신만의 음식을 주문합니다. 다이어트를 하는 사람들도 많고, 음식에 대한 알레르기가 있는 등 여러 경우가 있지요. 라테 커피 한 잔을 주문해도 무지방(non-fat), 디카페인(decaf), 120도(120 degrees) 등 우유, 커피, 물 온도에 이르기까지 요청사항이 쏟아집니다. 이렇게 음식 주문에서도 개인의 취향을 존중하는 미국 문화를 엿볼 수 있습니다.

CORE SENTENCES

영어 표현에 관한 궁금증을 해결해 볼까요?

1

해산물 들어간 요리가 있나요?

Do you have any dishes with seafood in it?

'~이 들어간 음식이 있나요?'하고 특정 재료가 들어간 음식을 찾을 때 **Do you have any dishes with ~ in it?** 패턴으로 물어볼 수 있어요. 빈칸에 **seafood** 대신에 원하는 재료를 넣으시면 돼요.

Do you have any dishes with _____ **in it?**

pork 돼지고기
beef 소고기
chicken 닭고기

2

해산물은… 새우는 신선한가요?

Is the seafood… the shrimp fresh?

이 문장을 재료의 상태가 궁금할 때 **Is**＋음식＋형용사?를 써서 물어볼 수 있어요. 형용사 부분에 **fresh**를 넣으면 '신선한', **frozen**을 쓰면 '냉동의', **plentiful**은 '양이 많은'지에 대해 각각 묻는 게 됩니다.

➕추가표현

다른 사람으로부터 추천을 받고 음식을 주문할 때 다음과 같이 말합니다.
Then let's do that.
그럼 그걸로 할게요.

내가 고른 경우에는 주어를 I로 하고 동사 **have**를 씁니다.
I will have this.
이걸로 할게요.

3

나눠 먹을 그릇, 아니면 접시 두 개도 주세요.

We also want two separate bowls or plates to share.

음식을 나누어 먹고 싶을 때 '나눠 먹을 그릇 두 개 주세요.'라고 말하죠. 이때 **two separate**를 써서 **two separate bowls or plates**라고 표현할 수 있어요. **bowl**은 속이 깊은 국물이 있는 음식을 담는 그릇이고요, **plate**은 넙적한 접시를 말합니다. 식당에 따라서 **split plate charge**라고 추가로 요청한 그릇에 대해 비용이 따로 청구가 되는 경우도 있습니다.

➕ 추가 표현

더 필요한 것이 있는지 물어볼 때 다음과 같이 말할 수 있습니다.
I think that's good for now.
지금은 괜찮아요.

기대된다. 다 너무 맛있어 보여.

I'm so excited. Everything looks so good.

I'm so excited.는 '아주 기분이 좋다'는 것을 나타내는 표현이에요. '모든 게 좋아 보인다'라고 할 때는 Everything looks so good.라고 하면 되는데요. **Everything**는 단수로 취급하기 때문에 동사 원형에 **-s**를 붙이는 것에 주의하시고요.

Everything looks so good right now.
모든 게 지금까지는 다 좋아 보인다.

➕ 추가 표현

냅킨을 달라고 할 때 티슈(**tissue**) 말고 '꼭 냅킨(**napkin**)'이라고 하셔야 돼요. 티슈는 화장지라는 의미예요.
Can I get a napkin, please?
냅킨 한 장 주실래요?

🎧 24. mp3

뉴요커 다희 씨가 식당 직원과 나누는 대화 내용입니다. 앞에서 배웠던 표현을 확인해 보세요!

Dahee	And then, um, let's see... **1** 해산물 들어간 요리가 있나요?
Server	Seafood? The... Bronzini? The lizoni se shepherd is a shepherd salad with grilled octopus and shrimp.
Dahee	Oh, what about the pasta? With the... pasta?
Server	Or you can get the pasta with shrimp.
Dahee	Then let's do that. **2** 해산물은… 새우는 신선한가요?
Server	It is, yeah.
Dahee	OK.
Ashley	Awesome.
Dahee	And then... I think that's good for now... **3** 나눠 먹을 그릇, 아니면 접시도 두 개 주세요.
Server	OK.
Dahee	If that's OK?
Server	Yeah, of course.
Dahee	I think that's good, right?
Ashley	Yeah, awesome. Thank you so much.
Dahee	Thank you.
Server	Anything else to drink?
Dahee	**4** 물이면 돼요. 감사해요.
Server	OK.
Dahee	So hungry.
Ashley	I know. **5** 기대된다. 다 너무 맛있어 보여.
Dahee	I know. We ordered a lot.
Ashley	I know. We really did.

다희	그리고요, 음, 어디보자… **1** Do you have any dishes with seafood in it?
직원	해산물이요? 음… 브론지니? 리조니 세 셰퍼드가 구운 문어와 새우가 들어간 샐러드예요.
다희	아, 파스타는요? (해산물이 들어간) 파스타류가 있나요?
직원	아니면 새우 파스타도 있어요.
다희	그럼 그걸로 할게요. **2** Is the seafood... the shrimp fresh?

직원	신선하고 말고요.
다희	좋네요.
애슐리	좋네요.
다희	그럼… 이제 된 것 같아요… **3** We also want two separate bowls or plates to share.
직원	네.
다희	괜찮으시면요?
직원	네, 물론이죠.
다희	다 된 것 같은데, 어때?
애슐리	응, 좋아. 감사합니다.
다희	고맙습니다.
직원	음료는 괜찮으세요?
다희	**4** Just water is fine. Thank you.
직원	네.
다희	진짜 배고파.
애슐리	그러게. **5** I'm so excited. Everything looks so good.
다희	맞아. 엄청 많이 주문했어.
애슐리	그러게. 진짜 많네.

| WORDS |

napkin 냅킨

▶ 25 바에서 주문할 때 1

뉴요커 다희 씨는 친구와 바에서 만나고 있습니다. 직원과 어떤 대화를 나누는지 살펴볼까요?

[?] 영어로 어떻게 말할까요?

1 메뉴판 좀 주시겠어요?
(힌트) could, get

2 친구 오면 주문할게요.
(힌트) when, get

3 못 정하겠어.
(힌트) decide

4 아직 못 정했는데요.
(힌트) ready

5 나는 칵테일 마실래.
(힌트) gonna, get

6 여기 주문할게요.
(힌트) ready

7 너 먼저 (말)해.
(힌트) ahead

8 일단 그렇게 주세요.
(힌트) for now

궁금증 해결은
다음 페이지에서 [!]

CORE SENTENCES

영어 표현에 관한 궁금증을 해결해 볼까요?

메뉴판 좀 주시겠어요?

Could I get a menu, please?

Could I get a menu?은 식당에서 '메뉴 좀 주시겠어요?'라고 요청할 때 쓸 수 있는 표현이에요.
get 대신에 see[have]를 써서 Could I see[have] a menu?라고 해도 됩니다. 뒤에 please를
붙이면 더 공손한 느낌이 들어요.

➕ 추가 표현

Could 대신에 Can이나 May를 쓸 수도 있어요.
Can I have the menu, please?
= May I have the menu, please? (more polite)
메뉴판 좀 주시겠어요?

2

친구 기다리는 중이라서요, 친구 오면 주문할게요.

I am waiting for a friend, but, we'll order when she gets here.

주문을 조금 미루려고 할 때 쓸 수 있는 표현이에요. wait for는 '~를 기다리다', get here는 '이곳에
도착하다, 오다'라는 뜻입니다.

➕ 추가 표현

주문할 준비가 안 되었을 때, 아래와 같은 표현을 쓰면 됩니다.
I need another minute, please.
= Give me a little more time.
시간을 좀 더 주세요.

CORE SENTENCES

3

못 정하겠네.

I can't decide.

어떤 메뉴를 먹어야 할지 고르기 힘들 때 딱 이렇게 **I can't decide.** 하고 말씀하시면 되고요. 이 대신에 **I don't know what to get.**이라고 해도 됩니다.

 추가 표현

무엇을 먹을지 정하지 못할 때 아래와 같이 말할 수 있어요.
What do you recommend?
뭘 추천해 주시겠어요?

4

아직 못 정했는데, 5분만 더 주시겠어요?

We're not ready yet, could you give us 5 more minutes?

We're not ready (to order) yet은 '아직 준비가 안 돼서요.'라는 뜻입니다. **ready** 다음에 **to order**가 생략된 형태입니다. 이 대신에 **We need more time to decide what to eat.**라고 할 수도 있어요.

 추가 표현

주문할 때 필요한 표현을 더 알아볼게요.
Could I take your order (now)?
지금 주문 하시겠어요?

We'll bring your order right up?
주문하신 것 바로 가져다 드릴까요?

Who did you order it from?
누구한테 주문하셨죠?

5

나는 칵테일 마실래.

I'm gonna get a cocktail.

I'm gonna는 I'm going to~의 축약형으로 '~할 거야'라는 뜻이에요. 아래 문장에서 빈칸에 마시고 싶은 음료를 넣어서 말해보세요. 바 안은 보통 혼잡하고 시끄럽기 때문에 크고 분명한 소리로 말씀하셔야 돼요.

I'm gonna get _____.

2 pints of Guinness 2 파인트 기네스

margarita on the rocks 얼음을 넣은 마가리타

여기 주문할게요.

We're ready to order.

ready는 '준비된'이라는 뜻으로 Are you ready to order?라고 하면 주문할 준비가 됐는지, 즉, '주문 하시겠어요?'라는 뜻입니다. 메뉴를 다 골랐다면 We're ready to order.라고 하면 됩니다.

Riley, come on, dinner's ready.
라일리, 어서와 저녁식사 준비 다 됐어.

7

너 먼저 (말)해.

You can go ahead.

You can go ahead.는 '너 먼저 해, 그렇게 진행해'라는 뜻으로 다양한 상황에서 쓸 수 있어요. 좁은 복도에서 마주쳤을 때, 지하철에서 카드를 찍으려고 동시에 댔을 때, 동생이 보고 싶은 것을 보라고 **TV** 채널을 양보할 때 등 다양한 상황에서 쓸 수 있어요. **You can**은 생략하고 **Go ahead.**로 쓰기도 해요.

A: **I have a question.**
질문이 있어요.

B: **Go ahead.**
어서 해보세요.

8

일단 그렇게 주세요.

That's it for now.

지금 현재로서는 이게 다 일 때, 이 표현을 씁니다. 나중에 더 시킬 수도 있다는 느낌이 있어요.

A: **Do you want some more?**
너 더 먹을래?

B: **That's it for now. I'm stuffed.**
지금은 됐어. 배가 불러서.

뉴요커 다희 씨가 바의 직원과 나누는 대화 내용입니다. 앞에서 배웠던 표현을 확인해 보세요!

(Situation #1)

Dahee   **1** 메뉴판 좀 주시겠어요?

Server   **Menu is right here.**

Dahee   **Thank you.**

Server   **You're ready for any help?**

Dahee   **2** 친구 기다리는 중이라서요. 친구 오면 주문할게요.

Server   **OK, are you ordering food as well?**

Dahee   **Yes, we're ordering food.**

Server   **All right, I'll move you to the table.**

Dahee   **Move to the table?**

Server   **Follow me, this way.**

Dahee   **Yeah.**

(Situation #2)

Friend   **Riley!**

Dahee   **Hi.**

Friend   **Hi.**

Dahee   **How are you?**

Friend   **Good dude.**

Dahee   **3** 못 정하겠어.

Server   **Hi.**

Dahee   **Hi.**

Server   **Are you guys ready for order?**

Dahee   **Um... 4** 아직 못 정했는데, 5분만 더 주시겠어요?

Server   **Sure.**

Dahee   **OK, thank you. We should decide.**

Friend   **Yeah.**

Dahee   **I think, 5** 나는 칵테일 마실래. 그리고 너 마시고 싶은 거랑 에피타이저 하나?

Friend   **Yeah, hmm...**

Dahee   **You ready?**

Friend	Yes.
Dahee	OK. Excuse me? **6** 여기 주문할게요.
Server	OK.
Dahee	**7** 너 먼저 (말)해.
Friend	Sure. I'm gonna get a Prosecco, please. And... are we splitting the fries?
Dahee	Yeah. I'll do the blueberry crush. And then we're gonna do the french fries, and then... **8** 일단 그렇게 주세요 We might order more later, so can we keep one menu?
Server	Yes, sure. Can I take one menu?
Dahee	Sure. Thank you.
Friend	Thank you.

(상황 #1)

다희	**1** Could I get a menu, please?
직원	메뉴 여기 있습니다.
다희	감사합니다.
직원	주문 도와드릴까요?
다희	**2** I am waiting for a friend, but, we'll order when she gets here.
직원	알겠습니다, 음식도 주문하시나요?
다희	네, 주문할 거예요.
직원	그럼, 테이블로 안내해 드릴게요.
다희	테이블로 이동하나요?
직원	이쪽으로 오세요.
다희	네.

(상황 #2)

친구	라일리!
다희	안녕.
친구	안녕.
다희	잘 지내?
친구	잘 지내지.
다희	**3** I can't decide.

직원	안녕하세요.
다희	안녕하세요.
직원	메뉴 정하셨나요?
다희	음… **4** We're not ready yet, could you give us 5 more minutes?
직원	물론이죠.
다희	네, 고맙습니다. 얼른 골라보자.
친구	그래.
다희	음, **5** I'm gonna get a cocktail. And you can get what you wanna drink and maybe an appetizer?
친구	응, 음…
다희	정했어?
친구	응.
다희	좋아. 저기요? **6** We're ready to order.
직원	네.
다희	**7** You can go ahead.
친구	그래. 저는 프로세코 한 잔이랑요. 감자튀김 나눠 먹을래?
다희	그래. 저는… 블루베리 크러쉬 한 잔이랑요. 감자튀김도 하나 주시고요, 음 그리고… **8** That's it for now. 이따 좀 더 주문할 것 같아서요, 메뉴판 하나 가지고 있어도 될까요?
직원	그럼요. 하나는 가져가도 될까요?
다희	네. 감사합니다.
친구	감사합니다.

| WORDS |

Menu is right here. 메뉴 여기 있습니다.
appetizer 전채요리

move 이동하다
split 나누다

dude (특히 남자들 사이) 녀석, 놈
(French) fries 감자 튀김

26

바에서 주문할 때 2

뉴요커 다희 씨가 바에서 오랜만에 친구를 만나고 있습니다. 어떤 대화를 나누는지 살펴볼까요?

？ 영어로 어떻게 말할까요?

1 오랜만에 술 마시거든.

힌트 so long

공간이 부족할 때

2 테이블 하나 더 붙여도 되는지 물어보자.

힌트 ask, add

3 테이블 하나 더 합쳐도 되나요?

힌트 wondering, possible

4 음식이나 얼른 나왔으면 좋겠다. 배고파 죽겠어.

힌트 want, come

궁금증 해결은
다음 페이지에서 ！

AMERICAN CULTURE

재미있는 bar 관련 표현

Happy Hour
보통 바(bar)나 펍(pub) 앞에 붙어 있는 말로, 손님이 적은 낮이나 이른 저녁 시간대에 해피 아우어
(happy hour)가 있습니다. 해당 시간대에는 원래 가격보다 더 싸게 먹을 수 있습니다.

Bar Hopping
한 군데에서 술을 마시지 않고 이곳저곳 옮겨 다니는 것을 bar hopping이라고 합니다. 많은 사람들
을 만나기 위한 목적이 있기도 한데요. 특히 이런 행동을 하는 사람을 bar hopper라고 합니다.

It Is on the House.
It's on the house.는 '가게(house)에서 내는 겁니다'라는 뜻입니다. house 대신에 me를 써서
It's on me.라고 하면 '내가 쏠게'라는 의미입니다.

CORE SENTENCES

영어 표현에 관한 궁금증을 해결해 볼까요?

1

오랜만에 술 마시거든.

I haven't had a drink in so long.

I haven't had ~.의 패턴을 써서 '어떤 것을 하지 못했다'라고 말할 수 있어요. 이렇게 **haven't had**를 쓰면 과거 어느 시점부터 지금까지 그렇다는 의미를 포함해요. **in so long**은 '오랫동안'이라는 뜻으로 비슷한 표현으로 **for so long**이나 **in a long time** 등이 있어요.

I haven't had _____.

> **a girlfriend in 10 years** 10년째 여자 친구가
> **a car since I got here** 여기에 온 후 차가

2

음식 다 놔야 하니깐 테이블 하나 더 붙여도 되는지 물어보자.

We should ask if we can add a table since we have food and everything.

We should ask if we can ~ 패턴은 상대방에게 어떤 행동을 하기 전에 허가를 위해 '~할 수 있는지 물어보다'라는 뜻이에요. 간단히 **Excuse me, can we add a table?**라고 하셔도 돼요. 이 패턴도 다양한 상황에서 쓰일 수 있는 문장입니다. 아래 빈칸에 들어가는 단어를 바꿔서 연습해 보세요.

We should ask if we can _____.

> **reserve two more tickets** 표를 2장 더 예약하다
> **change the seat** 좌석을 바꾸다

3

가능하면 테이블 하나 더 합쳐도 되나요?

I was wondering if it's possible to combine a table, like add a table to this?

I was wondering if it's possible to는 '저기 있잖아요, 만일 ~하면요?'의 의미로 문의하거나 요청할 때 쓸 수 있는 표현이에요. **wonder**는 '궁금하다'라는 뜻이지만 여기서는 그런 의미가 아니라 요청할 수 있는지 문의하는 의미가 있어요. **It's possible to**은 '~이 가능한지'라는 표현으로 아주 많이 쓰여요. **combine**은 '합치다'라는 동사인데요, 이런 상황에서는 **add a table**이라고 하는 게 더 자연스럽습니다.

I was wondering if it's possible to _____.

> **take the subway back to JFK**
> 전철을 타고 JFK공항으로 가다
>
> **reserve tickets with a debit card**
> 직불카드로 표를 예매하다

4

음식이나 얼른 나왔으면 좋겠다. 배고파 죽겠어.

I just want the food to come here. I'm starving.

I just want the food to come here는 '음식이 빨리 나왔으면 좋겠다'라는 뜻인데요. 여기서 **to come here**은 음식이 여기에 왔으면 좋겠다는 표현으로 생략이 가능합니다.

I'm starving.은 '배가 아주 고프다'는 **I am extremely hungry.** 정도의 뜻입니다. 이와 비슷한 단어로 **famished**도 있어요.

I'm famished! When do we eat? 배고파 죽겠어요. 언제 밥 먹어요?

뉴요커 다희 씨가 바의 직원과 나누는 대화 내용입니다. 앞에서 배웠던 표현을 확인해 보세요!

Dahee	I am excited. **1** 오랜만에 술 마시거든.
Friend	Why?
Dahee	Work... I've just been so busy.
Friend	Are you serious?
Dahee	Yes. It's fine, though.
Friend	Yeah... this American culture, workaholic culture. Be with it.
Dahee	**2** 음식 다 나와야 하니깐 테이블 하나 더 붙여도 되는지 물어보자. Are you OK with that?
Friend	Yes. That's a good idea.
Dahee	Excuse me. **3** 가능하면 테이블 하나 더 합쳐도 되나요?
Server	Actually, we cannot move the table, sorry.
Dahee	Oh... that's OK. Thank you.
Friend	No worries.
Dahee	Oh, well, if we order more, it'll be fine. We will just stay here. **4** 음식이나 얼른 나왔으면 좋겠다. 배고파 죽겠어.
Friend	So hungry. This is a really pretty bar, though.
Dahee	I know, we should come here more often.
Friend	Yes, totally.
Dahee	I am excited.

다희	너무 기대된다. **1** I haven't had a drink in so long.
친구	왜?
다희	일 때문에⋯ 엄청 바빴거든.
친구	정말로?
다희	응. 그치만 괜찮아.
친구	그래⋯ 미국이 좀 그렇지, 워커홀릭스럽고. 잘 적응해 봐.
다희	**2** We should ask if we can add a table since we have food and everything. 괜찮아?
친구	응. 좋은 생각이야.
다희	저기요. **3** I was wondering if it's possible to combine a table, like add a table to this?
직원	사실, 저희가 테이블을 움직일 수가 없어서요, 죄송합니다.

다희   아… 괜찮아요. 고맙습니다.

친구   괜찮아요.

다희   글쎄, 더 시켜도 괜찮겠지. 그냥 여기 있자. **4** I just want the food to come here. I'm starving.

친구   진짜 배고프다. 근데, 바가 정말 예쁘네.

다희   그러게, 자주 와야겠어.

친구   응, 완전.

다희   신난다.

| WORDS |

Are you serious? 정말이야?   **move** 옮기다, 움직이다   **No worries.** 괜찮아요.

totally 완전   **excited** 신이 난

27

길거리 음식 주문할 때

뉴요커 다희 씨는 푸드트럭에서 음식을 고르고 있습니다. 어떤 대화를 나누는지 살펴볼까요?

⟨?⟩ 영어로 어떻게 말할까요?

1 **뭐가 제일 잘 나가나요?**

힌트 popular

2 **가져갈게요.**

힌트 go

3 **다 같은 가격인가요?**

힌트 the same

4 **초콜릿 크런치 더블로 주시겠어요?**

힌트 get

궁금증 해결은
다음 페이지에서 !

AMERICAN CULTURE

Halal Food(할랄 푸드)

최근 미국에서 핫한 길거리 음식이 바로 할랄 푸드인데요. 이것은 이슬람 문화의 전통 음식을 말합니다. 할랄 음식은 식재료뿐만 아니라 손질, 조리과정까지 엄격하게 관리하기 때문에 할랄식은 위생적이고 안전한 식사로 인정받는다고 합니다. 뉴욕 등 주요 도시의 이민자들이 길거리 스탠드에서 팔면서 더욱 유명해졌습니다.

CORE SENTENCES

영어 표현에 관한 궁금증을 해결해 볼까요?

1

뭐가 제일 잘 나가나요?

What is the most popular?

식당에 갔는데 무엇을 먹어야 할지 확신이 없을 때나 혹은 뭔가 새로운 것을 먹고 싶을 때 물어볼 수 있는 표현이에요. most popular 다음에 menu[dish](메뉴[음식])가 생략되었다고 보시면 돼요. 식당 말고도 다양한 상황에서 쓰일 수 있어요.

What is the most popular sports in the world?
세계에서 가장 인기 있는 스포츠가 뭐예요?

고급 식당에서 추천 요리를 물어볼 때 아래 표현을 쓰면 됩니다.
What is your specialty?
여기는 뭐가 맛있어요?

2

가져갈게요.

To go.

패스트푸드점에서 음식을 주문할 때 항상 먼저 물어보는 질문이 **For here or to go?**입니다. for here는 '레스토랑이나 카페에서 먹다', **to go**는 '포장을 해서 나가다'라는 의미예요.

다음은 패스트푸드 필수 표현입니다.
To Go =To Take Out =To Carry Out
포장해 주세요

To Eat In = For Here =To Stay
여기서 먹어요.

To Drive Through =To Drive Thru
차에서 주문해요.

3

다 같은 가격인가요?

Are they all the same price?

어떤 것이 같은 것인지 확인할 때 쓸 수 있는 의문문이에요. 빈칸에 여러가지 단어를 넣어 보고 다양한 상황에서 사용할 수 있도록 응용해 보세요.

Are they all the same _____?

     size 크기
     material 재질
     species 종류

초콜릿 크런치 더블로 주시겠어요?

Can I get the double choco crunch?

Can I get ~?은 '~로 주시겠어요?'라는 뜻이에요. **I'll have the double choco crunch.**라고 해도 됩니다.

후식을 주문할 때도 **Can I get ~?** 패턴을 이용해서 하실 수 있습니다.

Can I get _____ **for dessert?**

     ice cream 아이스크림
     sundae (과일이나 씨리얼을 올린 아이스크림)
     ice pop 막대 아이스크림
     soft serve 소프트 아이스크림

뉴요커 다희 씨가 푸드트럭에서 나누는 대화 내용입니다. 앞에서 배웠던 표현을 확인해 보세요!

(Situation #1)

Dahee   Hi.

Staff   Hello.

Dahee   **1** 뭐가 제일 잘 나가나요?

Staff   What?

Dahee   I've never had it. So what's the most popular?

Staff   What's the most popular?

Dahee   Yeah.

Staff   The combo.

Dahee   The combo? Like platter?

Staff   It's with beef and chicken over rice and salad.

Dahee   I'll do that. The combo.

Staff   Do you like some onion and green pepper, too?

Dahee   Huh?

Staff   Some onion and green pepper?

Dahee   Yes.

Staff   One combo?

Dahee   Yes.

Staff   OK. $8, please.

Dahee $8.

Staff   Excuse me, you'd like it here or to go?

Dahee   **2** 가져갈게요.

Staff   To go? But here is good to stay.

Dahee   I'll just take it to go.

Staff   One sauce?

Dahee   Yes.

Staff   Spicy?

Dahee   Yes, please. Just a little bit.

Staff   Is it good?

Dahee	No, a little bit more.
Staff	Excuse me, honey.
Dahee	Thank you.
Staff	You're welcome.

(Situation #2)

Staff	Hi.
Dahee	Hi. Um… **3** 다 같은 가격인가요?
Staff	Four, seven, eight, seven, eight.
Dahee	OK, then… **4** 초콜릿 크런치 더블로 주시겠어요?

(상황 #1)

다희	안녕하세요.
직원	어서 오세요.
다희	**1** What is the most popular?
직원	네?
다희	먹어 본 적이 없어서요. 뭐가 제일 잘 팔려요?
직원	뭐가 제일 인기 있냐고요?
다희	네.
직원	콤보요.
다희	콤보요? 플래터요?
직원	밥이랑 야채 위에 소고기와 치킨을 올린 거예요.
다희	그걸로 할게요. 콤보로요.
직원	양파랑 피망도 넣어드릴까요?
다희	네?
직원	양파랑 피망 드릴까요?
다희	네.
직원	콤보 하나요?
다희	네.
직원	네. 8달러예요.
다희	8달러요.
직원	저기, 드시고 가시나요 아님 가져가시나요?
다희	**2** To go.

직원	가져가세요? 근데 여기서 먹어도 좋아요.
다희	그냥 가져갈게요.
직원	소스는 하나만요?
다희	네.
직원	매운 소스 넣을까요?
다희	네. 조금만요.
직원	이만큼요?
다희	아뇨, 조금만 더요.
직원	손님, 여기요.
다희	고맙습니다.
직원	천만에요.

(상황 #2)

직원	어서 오세요.
다희	안녕하세요. **3** Are they all the same price?
직원	4, 7, 8, 7, 8달러요.
다희	네, 그럼… **4** Can I get the double choco crunch?

| WORDS |

I'll do that. (추천을 받았을 때) 그걸로 할게요.

28

호텔 체크인할 때 1

뉴요커 다희 씨가 호텔에서 체크인을 하고 있습니다. 호텔 직원과 어떤 대화를 나누는지 살펴볼까요?

? 영어로 어떻게 말할까요?

1 체크인하려고요.
힌트 need

2 혹시 선호하는 층이 있으세요?
힌트 floor preference

3 제가 일행이 있어요.
힌트 people

4 만약 가능하다면 일행들 방을 제 옆방에 잡아 주시면 좋겠어요.
힌트 stay, next to

5 만약 안 되면, 적어도 같은 층이면 좋겠어요.
힌트 floor, great

6 가능한 한 꼭 가까운 방으로 잡아 드릴게요. 괜찮으시죠?
힌트 as close as

궁금증 해결은
다음 페이지에서 !

CORE SENTENCES

영어 표현에 관한 궁금증을 해결해 볼까요?

1

체크인하려고요.

I just need to check in.

호텔 예약을 하고 가면 가장 먼저 인사를 한 후 이 표현을 쓰게 됩니다. 이와 비슷한 표현으로 **I'd like to check in please.**(formal)나 **Check in please.**을 쓸 수 있어요.

 추가 표현

호텔에서 체크인할 때 쓸 수 있는 표현입니다.

How can I help you?
무엇을 도와드릴까요?

I made a reservation under the name of Lee.
Lee 이름으로 예약했는데요.

Let me look on the system.
확인해 보겠습니다.

2

혹시 선호하는 층이 있으세요?

Do you have a floor preference by any chance?

'층'이라는 **floor**와 '선호'의 **preference**를 합쳐서 **floor preference**는 손님이 선호하는 층을 가리 킵니다. 이 표현은 다양한 다른 단어를 넣어 응용이 가능합니다.

Do you have a _____ **preference?**

　　　　　　color 색깔

　　　　　　taste 맛

3

제가 일행이 있어요.

I have people traveling with me.

people 대신에 **company**를 쓸 수 있어요. 이 때 **company**는 '회사'라는 뜻이 아니라 '함께 있는 사람들'을 뜻해요.

I have company traveling with me.
저는 일행이 있어요.

4

만약 가능하다면 일행들 방을 제 옆방에 잡아주시면 좋겠어요.

If it's possible to have them staying in the room next to me, that'd be great.

If it's possible to는 '~하는 것이 가능한가요?'라는 의미로 가능 여부를 묻는 표현이에요. **have them staying in the room next to me**하면 '바로 제 옆방으로 해주면 좋겠다'는 뜻입니다. 이 표현 대신에 아래와 같이 쓸 수도 있어요.

Could I get the rooms right next each other?
바로 옆방으로 방을 배정해 주실 수 있나요?

That'd be는 **That would be**의 축약형으로 바람이나 희망을 표현합니다.

5

만약 안 되면, 적어도 같은 층이면 좋겠어요.

If that's not possible, at least, (on) the same floor would be great.

~ **would be great.**은 '~라면 좋겠네요, 괜찮겠네요'라는 의미입니다. 아래 빈칸에 다양한 내용을 넣어서 연습해 보세요.

The same _____ **would be great.**

          time 시간
          size 크기
          space 공간

6

가능한 한 꼭 가까운 방으로 잡아 드릴게요. 괜찮으시죠?

I can definitely get you as close as possible. OK?

definitely는 강조의 의미로 쓰여 '꼭 해드리겠다'라는 뜻이에요. **as ~ as possible**는 '가능한 ~한' 이라는 의미로 원어민들이 자주 쓰는 표현인데요 **as ~ as** 사이에는 형용사나 부사의 원급이 들어갑니다.

I definitely get up as early as possible tomorrow morning.
나는 꼭 내일 아침에 가능한 일찍 일어나야 한다.

뉴요커 다희 씨가 호텔 직원과 나누는 대화 내용입니다. 앞에서 배웠던 표현을 확인해 보세요!

Receptionist	Hi, welcome.
Dahee	Hi.
Receptionist	How can I help you?
Dahee	**1** 체크인하려고요.
Receptionist	Sure, what's the last name?
Dahee	Han.
Receptionist	OK. And, are you staying with us for one night?
Dahee	Yes.
Receptionist	I just need a credit card and an ID.
Dahee	OK. Credit card and ID.
Receptionist	OK. Here you go.
Dahee	Thank you.
Receptionist	**2** 혹시 선호하는 층이 있으세요?
Dahee	I don't have a floor preference, **3** 그런데 제가 일행이 있어요. **4** 만약 가능하다면 일행들 방을 제 옆방에 잡아주시면 좋겠어요.
Receptionist	What is their last name?
Dahee	Smith.
Receptionist	Smith?
Dahee	**5** 만약 안 되면, 적어도 같은 층이면 좋겠어요.
Receptionist	**6** 가능한 한 꼭 가까운 방으로 잡아드릴게요. 괜찮으시죠?
Dahee	OK.

직원	안녕하세요, 환영합니다.
다희	안녕하세요.
직원	무엇을 도와드릴까요?
다희	**1** I just need to check in.
직원	네, 손님 성이 뭐예요?
다희	한이에요.
직원	네. 그리고, 저희 호텔에서 1박하시는 거죠?
다희	네.

149

직원	신용카드와 신분증 부탁드려요.
다희	네. (여기) 카드랑 신분증이요.
직원	(확인한 후 다시 돌려주면서) 네. 여기 있습니다.
다희	감사합니다.
직원	**2** Do you have a floor preference by any chance?
다희	딱히 없는데요, **3** But I have people traveling with me. **4** If it's possible to have them staying in the room next to me, that'd be great.
직원	일행분들 성이 어떻게 되세요?
다희	<u>스미스요.</u>
직원	<u>스미스요?</u>
다희	**5** If that's not possible, at least, (on) the same floor would be great.
직원	**6** I can definitely get you as close as possible. OK?
다희	네.

| WORDS |

check in 호텔에 투숙하다
stay 머물다

Here you go. (건네 주면서) 자 여기 있어요.
next to 바로 옆에

travel 여행하다

29

호텔 체크인할 때 2

뉴요커 다희 씨가 호텔에서 체크인 중입니다. 호텔 직원과 어떤 대화를 나누는지 살펴볼까요?

? 영어로 어떻게 말할까요?

1 무료 조식을 제공하고 있어요.

(힌트) complimentary

2 초록 불이 켜질 때까지 카드를 대고 있어야 해요.

(힌트) make, hold, wait for

3 카드를 댄 채 층 번호를 누르시면 돼요.

(힌트) continue, press

4 체크아웃을 늦게 하면 어떻게 되나요?

(힌트) policy, late

5 자, 이제 다 되셨어요.

(힌트) all set

궁금증 해결은
다음 페이지에서 !

AMERICAN CULTURE

The Unlucky 13

각 나라마다 불길하다고 생각하는 숫자가 있어요. 우리나라의 경우 숫자 4가 죽을 사(死)와 같은 발음이라 기피하는 현상이 있어요. 반면에, 미국인들은 13을 불길한 숫자라고 생각하는 미신이 있어요. 그래서 디너 파티에 13번째로 오는 손님은 불길하다고 여긴다거나 빌딩에 13층이 없는 경우도 있습니다. 대부분의 사람들이 이 불길한 숫자에 결혼을 하거나 이사를 가는 일은 피한다고 하네요.

CORE SENTENCES

영어 표현에 관한 궁금증을 해결해 볼까요?

1

무료 조식을 제공하고 있어요.

We do have complimentary breakfast.

complimentary는 '무료의'라는 뜻으로 고객에게 무료로 서비스를 제공할 때 쓰는 표현입니다. 비슷한 단어로 **free**도 있습니다.

Complimentary ticket[food/beverage]
무료 티켓[음식/음료]

Is this complimentary?
= Is this free (of charge)?
이것은 무료인가요?

➕추가 표현

complimentary는 '칭찬의'라는 뜻도 있어요.
He said a complimentary word.
그는 칭찬의 말을 했다.

2

초록 불이 켜질 때까지 카드를 대고 있어야 해요.

Make sure you hold on to it,
wait for the light to turn green.

make sure는 '확인하다, ~을 확실히 해두다'라는 뜻이 있어요. 외출할 때 가스 불을 껐는지, 프로젝트는 잘 진행되고 있는지 등 확실히 해두라고 할 때 **make sure**라는 표현을 씁니다. **hold on to it**은 '~에 계속해서 대고 있다'라는 뜻입니다.

I'll make sure everything is all right.
모든 게 괜찮은지 확인할게요.

Make sure you turn the light off when you leave.
나갈 때 불을 껐는지 확인하세요.

3

카드를 댄 채 층 번호를 누르시면 돼요.

Continue holding on to it and press your floor.

continue는 '계속 ~하다'는 동사로 다음에 to부정사나 -ing형의 동명사 둘 다를 목적어로 둘 수 있으며 의미의 차이는 없습니다. 여기서 **press your floor**는 '(엘리베이터에서) 층 수를 누르다'는 뜻이에요.

Can I continue to eat more food?
= Can I continue eating more food?
계속 음식을 더 먹어도 될까요?

4

체크아웃을 늦게 하면 어떻게 되나요?

What is your policy for late check-out?

late check-out은 정해진 체크아웃 시간 이후에 체크아웃을 하는 것을 말합니다. 보통은 늦게 체크아웃을 할 경우 추가 비용(**extra room charge**)이 청구될 경우가 있습니다. 하지만 프런트 데스크에서 사전 승인을 얻은 경우는 추가 요금이 부과 되지 않습니다. 그러니까 일단 물어는 봐야겠죠?

5

자, 이제 다 되셨어요.

You're all set.

이 표현은 공공기관, 호텔, 마트, 식당 등 모든 곳에서 자주 쓰이는 표현입니다. **be all set**은 고객의 볼 일이 다 끝났을 때 이제 가셔도 좋다는 의미로 '다 되다, 다 끝났다'라는 뜻입니다. **You are good to go.**와 비슷한 뜻입니다.

Just one more thing and you're good to go.
이거 하나만 끝나면 가셔도 좋습니다.

뉴요커 다희 씨가 호텔 직원과 나누는 대화 내용입니다. 앞에서 배웠던 표현을 확인해 보세요!

Receptionist	How many keys would you like for your room?
Dahee	Two, please.
Receptionist	Have you stayed with us before, or is this your first time?
Dahee	First time.
Receptionist	First time? Welcome.
Dahee	Thank you.
Receptionist	**1** 무료 조식을 제공하고 있어요.
Dahee	OK.
Receptionist	From 6:30~9:30, right on this floor, past the elevator. Wi-Fi is 'Residence Inn Guest,' no password is needed. To have access to the elevator, you're definitely gonna need your key. **2** 초록 불이 켜질 때까지 카드를 대고 있어야 해요. Sometimes, the light flashes fast, if you miss it. **3** 그냥 카드를 댄 채 층 번호를 누르시면 돼요.
Dahee	Thank you.
Receptionist	The elevators would be right behind you to the right. We also have a laundry room, fitness center and ice machine on one level below. By any chance you forget that information, it's right on this card.
Dahee	OK.
Receptionist	Is there anything that I can help you with?
Dahee	**4** 체크아웃을 늦게 하면 어떻게 되나요?
Receptionist	So late check-out, check-out is at 12, noon. Anything after that, we can give you a complimentary 1:00 PM.
Dahee	OK.
Receptionist	Do you need anything later?
Dahee	If it's later, is there a fee associated with it?
Receptionist	No, we can prolly pass it as first time perks. 1:30 to 2:00 PM?
Dahee	OK, sounds good.
Receptionist	So you'll stay with us on the second floor.

Dahee	OK.
Receptionist	**5** 자, 이제 다 되셨어요. **My pleasure, enjoy your stay.**

직원　방 키는 몇 개나 필요하시죠?

다희　두 개 주세요.

직원　전에 저희 호텔을 이용하신 적이 있나요, 아니면 처음이세요?

다희　처음이에요.

직원　처음이시군요? 환영합니다.

다희　감사해요.

직원　**1** We do have complimentary breakfast.

다희　네.

직원　6시 30분에서 9시 30분까지, 바로 이 층이고요, 엘리베이터를 지나면 있습니다. 와이파이는 'Residence Inn Guest'이고 비밀번호는 없어요. 엘리베이터를 이용하려면, 방 키가 꼭 필요해요. **2** Make sure you hold on to it, wait for the light to turn green. 그냥 타시면 불빛이 빠르게 깜박거릴 때가 있는데요. **3** Continue holding on to it and press your floor.

다희　감사합니다.

직원　엘리베이터는 오른쪽 바로 뒤에 있어요. 저희 호텔에는 세탁실, 피트니스 센터 그리고 제빙기가 한 층 아래에 구비되어 있습니다. 혹시 안내해 드린 내용이 기억나지 않으시면, 이 카드에 모두 나와 있습니다.

다희　네.

직원　더 필요하신 건 없으신가요?

다희　**4** What is your policy for late check-out?

직원　체크아웃 연장은요, 체크아웃은 12시, 정오인데요. 그 시간이 지나게 되면, 오후 1시까지는 무료입니다.

다희　네.

직원　이 시간보다 더 필요하신가요?

다희　더 늦을 경우, 책정된 비용이 있을까요?

직원　아뇨, 처음 이용하시는 거니까 특별히 혜택을 드릴 수 있을 것 같아요. 1시 30분이나 2시 정도까지면 될까요?

다희　네, 좋네요.

직원　그럼, 손님 방은 2층입니다.

다희　네.

직원　**5** You're all set. 도움이 되어 저도 기쁘네요. 즐거운 시간 보내세요.

|WORDS|

prolly 아마도(probably의 비격식체)　　　　　**perk** 혜택

30

호텔 체크아웃할 때 1

뉴요커 다희 씨가 호텔에서 체크아웃을 하고 있습니다. 호텔 직원과 어떤 대화를 나누는지 살펴볼까요?

? 영어로 어떻게 말할까요?

1 **(여기) 계시는 동안 어떠셨나요, 손님?**

힌트 stay

2 **영수증을 출력해 드릴까요, 아니면 이메일로 영수증을 보낼까요?**

힌트 would

3 **제가 도울 일이 있을까요?**

힌트 anything

4 **제 짐을 여기에 맡길 수 있나요?**

힌트 hold

5 **가방은 몇 개 맡기시겠어요?**

힌트 how many, store

궁금증 해결은
다음 페이지에서 !

CORE SENTENCES

영어 표현에 관한 궁금증을 해결해 볼까요?

1

(여기) 계시는 동안 어떠셨나요, 손님?
How was your stay, ma'am?

How was ~?는 '과거에 일어났던 어떤 일이 어떠셨어요?'라고 물을 때 쓰는 패턴이에요. 여기서 **How was your stay?**는 호텔에서 체크아웃 할 때 들을 수 있는 말로 지내는 동안 어땠는지 묻는 표현입니다. 여성 고객에게 묻고 있기 때문에 끝에 **ma'am**이라고 했어요. 남성일 경우에는 **sir**를 쓰면 됩니다. 둘 다 정중한(**formal**) 표현이에요.

How was your _____?

        summer vacation 여름 방학

        trip 여행

        holiday 휴일

2

영수증을 출력해 드릴까요, 아니면 이메일로 영수증을 보낼까요?
Would you like a printed or email receipt?

Would you like 은 '~을 원하시나요?'라는 뜻으로 상대방에게 어떤 일을 제안할 때 쓸 수 있는 표현이에요. **want**의 공손한 표현이에요.

Would you like some coffee?   (more formal and polite)

Do you want some coffee?   (less formal and polite)

커피 드실래요?

여기서 **a printed or email receipt**는 종이 영수증을 원하는지 이메일로 영수증을 보내주는 것을 원하는지 묻는 표현이에요. 이렇게 종이 영수증 뿐만 아니라 이메일로도 영수증을 받을 수 있으므로 필요한 형식을 요청하면 돼요.

3

제가 도울 일이 있을까요?

Is there anything else I can help you with?

서비스 업계에서 일하시는 분이라면 필수적으로 알고 있어야 하는 표현입니다. **Is there anything else ~?**은 '~이 있나요?'라는 의미예요. **I can help you with**는 '나는 당신을 도울 수 있다' 라는 뜻으로 상대방에게 도움이 필요한지 물어볼 때 이 표현을 쓰면 됩니다. **anything else**와 **I can** 사이에는 **that**이 생략되었어요.

Is there anything else _____?

> **I can get for you** 내가 가져다 드릴 것
> **I could do** 뭐 해 줄 수 있는 것
> **you'd recommend** 추천해 주실 만한 것

4

제 짐을 여기에 맡길 수 있나요?

Is it possible to hold on to my luggage here?

Is it possible to ~?는 상대방에게 가능성 여부를 물을 때 많이 쓰는 표현이에요. **hold on to**는 '~을 계속 가지고 있다'라는 의미로 가방이나 짐을 맡길 때 씁니다. 이 문장 대신에 **Can I keep my luggage here?**를 써도 됩니다. '짐이나 가방'이라는 **luggage**와 같은 뜻으로 **baggage**도 많이 쓰입니다.

Is it possible to charge my phone?
휴대폰을 충전할 수 있을까요?

5

가방은 몇 개 맡기시겠어요?

How many bags would you like to store?

'가방을 몇 개 맡기시겠어요?'는 How many를 써서 How many bags would you like to store?라고 해요. 이렇게 수량을 물을 때 How를 써서 물을 수 있어요. 명사의 성격에 따라 'How many+셀 수 있는 명사'를 쓰고, 'How much+셀 수 없는 명사'를 씁니다.

How many hats would you like to buy?
모자를 몇 개 구입하기 원하나요?

How much money do you need?
돈이 얼마나 필요해요?

would like to는 want보다 공손한 표현이에요.

I would like to leave a message.
메세지를 남기고 싶은데요.

store에는 '보관하다'라는 뜻이 있어요.

We store kimchi in the refrigerator.
우리는 김치를 냉장고에 보관합니다.

뉴요커 다희 씨가 호텔 직원과 나누는 대화 내용입니다. 앞에서 배웠던 표현을 확인해 보세요!

Dahee	Hi, checking out?
Front Staff	Sure! What's the room number?
Dahee	231.
Front Staff	**1** (여기) 계시는 동안 어떠셨나요, 손님?
Dahee	Good. Thank you.
Front Staff	Excellent. All the payment is going on the Discover card that you gave us upon check-in?
Dahee	Yes.
Front Staff	And **2** 영수증 출력해 드릴까요, 아니면 이메일로 영수증을 보낼까요?
Dahee	Email.
Front Staff	OK. So you're all set. **3** 제가 도울 일이 더 있을까요?
Dahee	Yes, I'm planning on going somewhere before my flight. So **4** 제 짐을 여기에 맡길 수 있나요?
Front Staff	**5** 가방은 몇 개 맡기시겠어요?
Dahee	Just one.
Front Staff	Just one? And about what time would you be back?
Dahee	4:30.

다희	안녕하세요, 체크아웃할 수 있나요?
프런트 직원	네! 방 번호가 어떻게 되세요?
다희	231호요.
프런트 직원	**1** How was your stay, ma'am?
다희	좋았어요. 감사합니다.
프런트 직원	좋습니다. 모든 비용은 체크인할 때 주셨던 디스커버 카드로 진행할까요?
다희	네.
프런트 직원	그러면 **2** Would you like a printed or email receipt?
다희	이메일로 주세요.
프런트 직원	네. 그럼 다 되셨습니다. **3** Is there anything else I can help you with?
다희	네, 비행기 시간 전에 어디를 들러야 하는데요. 그래서 **4** Is it possible to hold on to my luggage here?
프런트 직원	**5** How many bags would you like to store?

다희　　　　하나예요.

프런트 직원　하나요? 몇 시에 돌아오시나요?

다희　　　　4시 30분이요.

|WORDS|

check out 체크아웃하다　　**printed receipt** 종이 영수증　　**emailed receipt** 이메일로 받는 영수증
hold on to 계속 가지고 있다　**luggage** 짐, 가방　　**store** 보관하다
be back 돌아오다

호텔 체크아웃할 때 2

뉴요커 다희 씨가 호텔에서 체크아웃을 하고 있습니다. 호텔 직원과 어떤 대화를 나누는지 살펴볼까요?

❓ 영어로 어떻게 말할까요?

1 제가 엠파이어 스테이트 빌딩에 들르려고 하는데요.
힌트 stopping by

2 분명 거기서 보이실 거예요.
힌트 see

3 짐은 여기 둘게요.
힌트 put

궁금증 해결은
다음 페이지에서 ❗

CORE SENTENCES

영어 표현에 관한 궁금증을 해결해 볼까요?

1

제가 엠파이어 스테이트 빌딩에 들르려고 하는데요.

I'm planning on stopping by the Empire State Building.

I'm planning on은 '~을 할 예정이다'라는 앞으로 할 일에 대해 말할 때 쓰는 표현이에요. **plan on**은 **plan to**와 뜻은 같지만, **plan on**이 구어체에서 좀 더 많이 쓰여요.

'~에 잠시 들르다'하고 말할 때 **stop by**를 쓰는데 이것은 특별한 목적이 있어서 잠시 들를 경우에 써요. 이와 비슷한 **drop by**와 **swing by**은 어떤 약속이나 계획 없이 즉흥적으로 들를 때 사용합니다.

I stopped by a cafe for some coffee.
나는 커피를 좀 사려고 카페에 들렀다.

He dropped by for a drink.
그는 한 잔 하려고 들렀다.

2

분명 거기서 보이실 거예요.

You'll definitely see it from there.

---

definitely은 '분명히'라는 의미로 강조할 때 쓰는 부사예요. **You'll definitely see it.**은 쉽게 찾을 수 있다는 뜻인데요 이와 비슷한 표현으로 **You can't miss it.**도 있어요.

You can't miss it.
놓칠 리 없어요. (틀림 없이 찾을 거예요.)

➕ 추가표현

길을 물어볼 때 다음과 같은 필수 표현이 있습니다.
Could you tell me how to get to the bank please?
은행에 가려면 어떻게 가는지 알려 주시겠어요?

It's about ten minutes from here. 여기서부터 10분 정도 걸려요.

Turn left[right]. 왼쪽[오른쪽]으로 도세요.

Go straight on. 곧장 가세요.

3

짐은 여기 둘게요.

I'll put the luggage here.

---

put은 '~에 두다'라는 동사로 put the luggage는 '가방을 두다'라는 의미입니다. luggage는 '짐, 화물, 물건'이라는 명사로, baggage와 같은 말입니다. 특히 baggage의 경우에는 물리적으로 들 수 있는 짐 뿐만 아니라 '마음의 짐, 정신적인 짐'이라는 의미로도 쓰이니 참고로 알아 두세요.

Sometimes emotional baggage could hold you back.
때로 마음의 짐은 당신을 머뭇거리게 할 수 있습니다.

 추가 표현

택시를 불러 달라고 요청할 때 다음 표현을 쓸 수 있어요.
Could you call us a taxi for the airport, please?
공항에 갈 택시를 불러 주시겠어요?

It'll be here within 10 minutes.
10분 안에 온다고 합니다.

레스토랑을 추천해 달라고 할 때 아래와 같이 말해 보세요.
Can you recommend any good restaurants?
괜찮은 레스토랑을 추천해 주실래요?

Can you tell me how to get there?
그곳에 어떻게 찾아 가야 하는지 알려 주실래요?

뉴요커 다희 씨가 호텔 프런트 직원과 나누는 대화 내용입니다. 앞에서 배웠던 표현을 확인해 보세요!

Front Staff	And is there anything else I can help you with?
Dahee	Yes. **1** 제가 엠파이어 스테이트 빌딩에 들르려고 하는데요. Is there… Could you tell me how to get there?
Front Staff	Sure. So you can take a… Are you taking the subway, or just a…?
Dahee	Is there… faster for the subway?
Front Staff	Definitely faster.
Dahee	OK.
Front Staff	So you could walk to 51st street at Lexington (avenue), there's the 6 train. And the 6 train will take you straight to 33rd street.
Dahee	OK. Perfect.
Front Staff	**2** 분명 거기서 보이실 거예요.
Dahee	Thank you.
Front Staff	My pleasure. Is there anything else?
Dahee	No, thank you. **3** 짐은 여기 둘게요.
Front Staff	So, you're all set.
Dahee	Thank you.
Front Staff	My pleasure. Have a good day!
Dahee	You, too.

프런트 직원	그럼, 더 도와드릴 게 있을까요?
다희	네. **1** I'm planning on stopping by the Empire State Building. 저기… 그곳에 어떻게 가는지 알려 주실래요?
프런트 직원	물론이죠. 지하철 타시나요, 아니면…?
다희	음… 지하철이 더 빠를까요?
프런트 직원	확실히 더 빠르죠.
다희	네.
프런트 직원	렉싱턴가 51가까지 걸어가시면, 6호선이 있습니다. 6호선을 타고 33가까지 쭉 가시면 돼요.
다희	네. 딱 좋네요.
프런트 직원	**2** You'll definitely see it from there.

다희	감사합니다.
프런트 직원	뭘요. 다른 건요?
다희	아뇨, 괜찮아요. **3** And I'll put the luggage here.
프런트 직원	네, 다 됐습니다.
다희	감사합니다.
프런트 직원	네. 좋은 하루 보내세요!
다희	좋은 하루 보내세요.

| WORDS |

help+사람+with ~를 …하는 것을 도와주다
straight 곧바로
You're all set. 다 되셨어요.

take the subway 전철을 타다
definitely 확실히
My pleasure. 별 말씀을요.

뉴요커 다희 씨가 호텔 직원과 대화를 나누고 있습니다. 어떤 대화를 나누는지 살펴볼까요?

(?) 영어로 어떻게 말할까요?

1 온수가 원하는 만큼 따뜻해지지 않아서요.
[힌트] seem, working

2 커피 머신도 작동이 안 돼요.
[힌트] working

3 그것도 새것으로 보내 드릴게요.
[힌트] send up

궁금증 해결은
다음 페이지에서 (!)

CORE SENTENCES

영어 표현에 관한 궁금증을 해결해 볼까요?

1 온수 공급이 고장 난 것 같아요. 제가 원하는 만큼 따뜻해지지 않아서요.
The hot water doesn't seem to be working as well as I'd hoped?

seem to는 '~인 거 같다'는 뜻으로 어떤 일이 확실하지는 않고 그런 거 같은 생각이 들 때 씁니다. **doesn't seem to be working**은 편의시설 중에 고장이 발생한 내용에 대해 얘기할 때 쓸 수 있는 표현이에요. 물론 요청을 말하기 전에 **Hi!** 하고 꼭 인사를 먼저 해야 한다는 것을 기억하세요. **I think**를 문장의 앞에 말해도 됩니다. **as well as**는 '~만큼'이라는 의미입니다.

(I think) _____ **doesn't seem to be working.**

        Wi-Fi 와이파이
        the fridge 냉장고
        the hair dryer 헤어 드라이기

2 커피 머신도 작동이 안 돼요.
Also the coffee machine isn't working.

isn't working은 어떤 시설이 작동이 안 될 때 쓸 수 있는 표현이에요. 고장이 확실할 때는 아래와 같이 말할 수 있어요.

(I think) _____ **isn't working.**

        the TV 텔레비전
        the AC 에어컨[air conditioner] (에어컨은 콩글리시)
        the lamp 램프

➕ 추가 표현

화장실의 변기(**toilet**)가 고장 나는 것은 **The toilet isn't working. (X)**이라고 하지 않아요. 그럴 때는 '변기가 막혔다'고 하는데요. **The toilet is clogged. (O)**라고 해야 맞습니다.

168

새것으로 보내 드릴게요.

I'll send up a new one for you as well.

send은 '~로 보내다'라는 의미인데요 **send up**하면 '위층으로 보내다'라는 뜻이 됩니다. **as well**은 '~도, 역시'라는 뜻의 부사로 주로 문장 뒤에 옵니다.

➕ 추가 표현

'~도 역시'로 쓰이는 표현이 **too, also, as well, either** 등 4가지 정도가 있는데요. 그 차이점을 알아 볼게요.

too 나도 ~했다 (긍정문, 문장 마지막에 옵니다.)

I like it too.
나도 좋아하는데.

I go with that too.
나도 그걸로 할게.

also 나도 ~그렇다 (긍정문, 강조하는 싶은 곳 앞에 쓰면 됩니다.)

It's cold. Also, it's very windy.
너무 춥고. 그리고 바람도 심해.

I also like this song.
나도 이 노래가 좋아.

as well 나도 ~했다 (긍정문, 문장 마지막에 옵니다.)

I read it as well.
저도 읽었어요.

either 나도 ~하지 않았다 (부정문, 문장 마지막에 옵니다.)

I don't know either.
나도 몰라.

뉴요커 다희 씨가 호텔 직원과 나누는 대화 내용입니다. 앞에서 배웠던 표현을 확인해 보세요!

Front Desk	Front desk, Michael. How can I help you?
Dahee	Hi, I am in room 212.
Front Desk	Yes.
Dahee	And I was wanting to take a bath actually, and… **1** 온수가 원하는 만큼 따뜻해지지 않아서요.
Front Desk	OK. Let me send somebody up to get it working better for you. OK?
Dahee	**2** 커피 머신도 작동이 안 돼요.
Front Desk	OK. Don't worry. **3** 새것으로 보내 드릴게요.
Dahee	OK. Thank you so much.
Front Desk	You're welcome.
Dahee	Good Bye.
Front Desk	All right, Bye.

프런트 직원	프런트의 마이클입니다. 무엇을 도와드릴까요?
다희	안녕하세요, 212호실인데요.
프런트 직원	네.
다희	사실 제가 씻으려고 하는데… **1** The hot water doesn't seem to be working as well as I'd hoped?
프런트 직원	네. 직원을 보내서 잘 나오게 해드릴게요. 괜찮죠?
다희	**2** Also the coffee machine isn't working.
프런트 직원	알겠습니다. 걱정하지 마세요. **3** I'll send up a new one for you as well.
다희	네. 감사합니다.
프런트 직원	천만에요.
다희	안녕히 계세요.
프런트 직원	네, 들어가세요.

| WORDS |

front desk 안내 데스크   take a bath 목욕하다

170

숙소 냉난방 시설 및 추가 침구류 요청할 때

뉴요커 다희 씨가 호텔에 머물고 있습니다. 인터폰으로 호텔 직원과 어떤 대화를 나누는지 살펴볼까요?

? 영어로 어떻게 말할까요?

1 요청할 게 몇 가지 있어서요.

힌트 requests

2 냉난방 시스템이 제대로 작동하지 않는 것 같아요.

힌트 seem, working

3 화장실만 치워 주시겠어요?

힌트 have, clean

4 수건 몇 장 더 하고요, 이불 또는 담요도 필요해요.

힌트 extra, blanket

5 물론이죠. 직원을 보내서 가져다 드릴게요.

힌트 take

궁금증 해결은
다음 페이지에서 !

CORE SENTENCES

영어 표현에 관한 궁금증을 해결해 볼까요?

1

요청할 게 몇 가지 있어서요.

I just had a few requests.

---

just는 '좀'이라는 의미입니다. '요청사항 몇 가지가 있다'는 **have a few requests**라고 하는데요. 여기서는 **had**로 썼어요. **request**는 '요청, 요청사항'이라는 뜻으로 셀 수 있는 명사입니다.

I have two requests for you.
당신에게 두 가지 요청사항이 있어요.

2

냉난방 시스템이 제대로 작동하지 않는 것 같아요.

The air and heating doesn't seem to be working correctly.

'시설이 제대로 작동되지 않아요'는 **~doesn't seem to be working** 패턴을 쓸 수 있어요. **correctly**는 '제대로'라는 뜻의 부사, **the air and heating**은 '냉난방 시스템'이라는 의미에요. 이 대신에 간단히 **The air and heating is broken.**이라고 할 수도 있습니다.

_____ doesn't seem to be working correctly.
The elevator 엘리베이터
The toaster 토스터기
The shower 샤워기

➕ 추가 표현

요청할 때 **Can I have~?**를 써서 말해 보세요.
Can I have another room please? This one is not clean.
다른 방으로 바꿔 주시겠어요? 방이 너무 더러워요.

Can I have _____ please?
       some towels 타월 몇 개
       extra blankets 여분의 이불

3

방은 그냥 두고, 화장실만 치워 주시겠어요?

Could you just have them clean the bathroom and not the bedroom itself?

Could you have＋사람＋동사원형?은 직역하면 '～에게 …을 하게 하다'인데 즉, '～해주세요'라는 요청을 할 때 쓸 수 있는 표현이에요.

 추가 표현

make up my room은 '방을 치우다'라는 의미, **make one's bed**는 '침대를 정리하다'라는 뜻입니다.

Please make up my room.
방을 치워주세요.

I think you should make your bed every day.
나는 매일 네가 침대를 정리해야 한다고 생각해.

4

수건 몇 장 더 하고요, 이불 또는 담요도 필요해요.

I need extra towels and also an extra comforter or a blanket.

가끔은 방에 부족한 것을 요청할 때도 있는데요. 그때 이 **need**가 유용하게 쓰여요. **I need**는 '～가 필요해요'라는 뜻입니다. 다음 빈칸에 필요한 물품을 넣어서 연습해 보세요.

I need _____.
　　　more towels 더 많은 타월
　　　some soap 비누 몇 개
　　　some toilet paper 화장실 휴지 몇 개

extra는 '여분의'라는 뜻으로 **extra comforter or a blanket**은 '여분의 이불 또는 담요'라는 의미입니다.

5

물론이죠. 직원을 보내서 가져다 드릴게요.

Definitely, I'll have somebody take that up.

definitely는 '물론, 확실히, 그렇고 말고요'라는 의미의 부사입니다. 상대가 한 얘기에 적극적으로 동감을 나타낼 때 씁니다. 이와 비슷한 표현으로 **Absolutely!** 또는 **Certainly!** 등이 있어요.

A: **It was a great trip.** 멋진 여행이었어.
B: **Absolutely.** 물론이지.

➕ 추가 표현

Absolutely not! 하고 뒤에 **not**이 붙으면 '전혀 그렇지 않아요.'라는 뜻이 됩니다.

A: **I'll come with you.** 너랑 같이 갈 거야.
B: **Oh, absolutely not.** 오, 절대 안 돼.

have somebody take that up은 '직원을 보내서 가져다 드릴게요'라는 뜻입니다. 여기서 **have**는 '~를 …하게 시키다'라는 사역동사입니다. **take**는 '~를 가지고 가다'라는 의미입니다.

I'll have him take my glasses.
그에게 내 안경을 가지고 오라고 할게요.

뉴요커 다희 씨가 호텔 접수원과 나누는 대화 내용입니다. 앞에서 배웠던 표현을 확인해 보세요!

Receptionist	Hi, how can I help you?
Dahee	Hi, I'm leaving real quick. I'll come back, but… **1** 요청할 게 몇 가지 있어서요. So, in my room… **2** 냉난방 시스템이 제대로 작동하지 않는 것 같아요. So if you could just have someone check up.
Receptionist	Yes, I have an engineering team. What is your room number?
Dahee	231.
Receptionist	So, definitely have somebody go up and take a look.
Dahee	OK.
Receptionist	Is there anything else?
Dahee	Yes. And when you guys have the cleaning ladies come, **3** 방은 그냥 두고, 화장실만 치워주시겠어요?
Receptionist	OK, do you need anything like extra towels or anything else?
Dahee	Yes, **4** 수건 몇 장 더 하고요, 이불 또는 담요도 필요해요. Just because the room is a little bit cold.
Receptionist	Yes. **5** 물론이죠. 직원을 보내서 가져다드릴게요.
Dahee	OK, thank you so much.
Receptionist	Is there anything I can help you with?
Dahee	No, thank you.
Receptionist	You're all set.
Dahee	Thank you.

접수원 안녕하세요, 무엇을 도와드릴까요?

다희 안녕하세요, 제가 밖에 잠깐 다녀오려고 하는데요… **1** I just had a few requests. 제 방에… **2** The air and heating doesn't seem to be working correctly. 그래서 누가 와서 확인 좀 해주실 수 있는지.

접수원 네, 저희 정비팀이 있어요. 방 번호가 어떻게 되시나요?

다희 231호예요.

접수원 네, 직원을 올려 보내서 한번 보라고 할게요.

다희 네.

접수원	다른 문의 사항 있으세요?
다희	네. 그리고 방에 청소하러 오시면, **3** could you just have them clean the bathroom and not the bedroom itself?
접수원	네, 타올이나 다른 물품이 더 필요하지는 않으시고요?
다희	네, **4** I need extra towels and also an extra comforter or a blanket. 방이 약간 추워서요.
접수원	네. **5** Definitely, I'll have somebody take that up.
다희	네, 정말 감사드려요.
접수원	더 도와드릴 건 없을까요?
다희	괜찮아요.
접수원	다 됐습니다.
다희	감사합니다.

| WORDS |

check up 확인하다
take a look 점검하다

engineering team 기술팀

definitely 확실히

숙소의 편의시설에 관해 문의할 때

뉴요커 다희 씨가 호텔방에 있습니다. 인터폰으로 프런트 직원과 어떤 대화를 나누는지 살펴볼까요?

? 영어로 어떻게 말할까요?

1 외부 음식은 데워주지 않을 거예요.

힌트 heat up, outside

2 다리미도 필요해요.

힌트 need

3 욕실 안에 하나 있는데 문 뒤에 있습니다.

힌트 there, bathroom

4 다림판과 다리미가 있어요.

힌트 board

5 마지막으로, 과도를 구할 수 있을까요?

힌트 get, knife

6 프런트 데스크 옆에 보시면 바(bar)를 찾으실 수 있어요.

힌트 front desk, bar area

궁금증 해결은
다음 페이지에서 !

CORE SENTENCES

영어 표현에 관한 궁금증을 해결해 볼까요?

1

외부 음식은 데워주지 않을 거예요.

They wouldn't heat up outside food.

don't은 어떤 사실에 대해 '~하지 않는다'라고 100% 확신을 가지고 말하는 느낌이에요. 하지만 would를 쓰면 50~60% 정도로 완전히 확신하지 않는다는 느낌이 있어요. '음식을 데우다'라고 말할 때는 **heat up**이라고 하는데요. 이 대신에 **warm-up**을 써도 돼요.

Could you heat up please?
음식 좀 데워주시겠어요?

다른 곳에서 사온 '외부 음식'은 **outside food**라고 하는데 상당히 원어민스러운 표현이에요.

No outside food or beverages are allowed in the park.
공원 안으로 외부 음식이나 음료를 가지고 들어올 수 없습니다.

➕ 추가표현

컴플레인을 하기 전에 방 호수를 말해야 하는데 아래와 같은 표현을 쓰면 됩니다.
I'm in room 212.[This is room 212.]
212호 인데요.

2

다리미도 필요해요.

I also need an iron.

'~가 필요해요'는 **need**를 쓰면 돼요. **also**는 '~도, 또한'로 앞에 말한 내용에 이어서 추가적으로 필요할 때 쓰는 부사인데 일반동사의 앞이나 be동사의 뒤에 와요. **iron**은 '다리미'란 뜻인데요 발음은 [아이언]으로 r이 묵음이기 때문에 발음하지 않아요.

I need a luggage cart.
수화물 카트가 필요해요.

욕실 안에 하나 있는데 문 뒤에 있습니다.

There's one in the bathroom, behind the door.

'~에 …이 있다'라고 말하고 싶을 때 **There is**+단수 명사/**There are**+복수 명사+**in**+장소를 쓰면 돼요. **behind**는 '~뒤에'라는 위치를 나타내는 전치사입니다.

There are two pairs of slippers in the closet.
슬리퍼 두 켤레가 옷장 안에 있어요.

There is a hair dryer in the drawer.
헤어 드라이기는 서랍장 안에 있어요.

➕ 추가 표현

위치를 나타내는 전치사에 대해 좀 더 알아봐요.

· **on** ~위에
   The hat is on the bed.
   모자가 침대 위에 있어요.

· **by** ~옆에
   I'll meet Janet by the elevator at 11.
   나는 자넷을 엘리베이터 옆에서 11시에 만날 거예요.

· **in** ~안에
   There are many people in the lobby.
   로비에 많은 사람이 있어요.

· **between** ~사이에
   The bag was between a sofa and a dressing table.
   소파와 화장대 사이에 가방이 있었다.

· **in front of** ~앞에
   I found my cardigan in front of the bathroom.
   화장실 앞에서 카디건을 찾았다.

· **next to** ~옆에
   What's next to a fridge?
   냉장고 옆에 뭐가 있어요?

CORE SENTENCES

4

다림판과 다리미가 있어요.
There's an iron board and iron.

There's는 **There is**의 축약형으로 '~이 있다'라는 뜻이에요. 이 대신에 **We have**를 써서 표현할 수도 있어요.

We have an iron board and iron.
다림판과 다리미가 있습니다.

iron은 '다리미'라는 것은 위에서 배웠는데요. **iron board**은 '다리미판'을 의미합니다. **board**은 얇고, 평평한 나무 또는 다른 단단한 재질로 된 다양한 목적으로 쓰이는 판자 같이 생긴 것들을 뜻해요.

 추가 표현

board가 들어가는 단어를 더 알아볼게요.
chopping board 도마
cheeseboard 치즈용 도마
breadboard 빵 도마

5

마지막으로, 과일을 자르게 과도를 구할 수 있을까요?
One last thing, is it possible to get a small knife just to cut up fruit?

one last thing은 '마지막'이라는 뜻이에요. 여러 가지를 열거하고 난 후 마지막의 것을 언급할 때 쓸 수 있어요. 이와 비슷한 표현으로 **finally**가 있습니다.

It is possible to는 '~할 수 있어요?'라는 가능을 나타내는 표현으로 **Is it possible to get a small knife?**는 과도를 구할 수 있을까요?라는 뜻입니다. **small knife**는 '과도'인데 **knife**의 **k**는 묵음이에요.

just to cut up fruit은 '과일을 자르려고요'라고 목적을 나타냅니다.

6

프런트 데스크 옆에 보시면 바를 찾으실 수 있어요.

By the front desk, you'll see the bar area.

By the front desk에서 **by**는 '~옆에 있는'이라는 뜻이에요. 이와 비슷한 표현으로 **next to**가 있어요. **next to**는 몇 개의 방, 건물, 몇 명의 사람이 일렬로 있을 때 어떤 사람 옆에 혹은 어떤 건물 옆에 하고 말할 때 씁니다.

She lives in an apartment by the river.
그녀는 강가 옆 아파트에 살아요.

He sat next to me.
그는 내 옆에 앉았어요.

There's a library next to the post office.
우체국 옆에 도서관이 있어요.

will은 '~일 것이다'라는 미래를 나타내요. 그래서 **you'll see the bar area.**는 '금방 바를 찾으실 수 있으실 거예요.'라는 말입니다.

You will be notified by email.
이메일로 공지되실 거예요.

뉴요커 다희 씨가 호텔 직원과 나누는 대화 내용입니다. 앞에서 배웠던 표현을 확인해 보세요!

Front Desk	Front desk, Michael. How can I help you?
Dahee	Hi, I'm in room 212.
Front Desk	Yes.
Dahee	And I was wanting to know where I can use the microwave?
Front Desk	We don't have a microwave in the hotel.
Dahee	Oh, you don't.
Front Desk	The only place they have it would be the kitchen, **1** 하지만 외부 음식은 데워주지 않을 거예요.
Dahee	Oh, OK. And then, **2** 다리미도 필요해요.
Front Desk	**3** 욕실 안에 하나 있는데 문 뒤에 있습니다. **4** 다림판과 다리미가 있어요.
Dahee	OK. And then, **5** 마지막으로, 과일을 자르려는데 과도를 구할 수 있을까요?
Front Desk	What I'd suggest, if you don't want to get charged, because the room service will charge anything that goes upstairs. Just go to the bar and we'll give you plastic utensils.
Dahee	OK. And the bar is in the hotel?
Front Desk	The lobby. Yes. **6** 프런트 데스크 옆에 보시면 바를 찾으실 수 있어요.
Dahee	OK. Thank you so much.
Front Desk	You're welcome.
Dahee	Bye.

프런트 직원	프런트 데스크의 마이클입니다. 무엇을 도와드릴까요?
다희	안녕하세요, 212호인데요.
프런트 직원	네.
다희	전자레인지를 사용할 수 있는 곳을 알고 싶었는데요.
프런트 직원	저희 호텔에는 전자레인지가 없습니다.
다희	아, 없나요.
프런트 직원	딱 한 군데 있을 만한 곳이 주방입니다, **1** but they wouldn't heat up outside food.
다희	아, 네. 그리고, **2** I also need an iron.
프런트 직원	**3** There's one in the bathroom, behind the door. **4** There's an iron board and iron.

다희	네. 그리고, **5** one last thing, is it possible to get a small knife just to cut up fruit?
프런트 직원	비용이 들지 않는 방법으로 알려드리고 싶은데요, 왜냐면 객실로 가져다 드리는 모든 물품에는 비용이 청구되거든요. 바로 가시면 플라스틱 도구를 드릴 수 있어요.
다희	그 바가 호텔 안에 있나요?
프런트 직원	로비에 있습니다. 네. **6** By the front desk you'll see the bar area.
다희	네. 정말 감사드려요.
프런트 직원	천만에요.
다희	안녕히 계세요.

| WORDS |

microwave 전자레인지
go upstairs 윗층에 가다

suggest 제안하다
utensil 기구, 주방용품

charge 청구하다

뉴요커 다희 씨가 두리번 거리며 길에 서 있습니다. 지나가는 행인과 어떤 대화를 나누는지 살펴볼까요?

? 영어로 어떻게 말할까요?

1 여기서 카네기홀 가는 길 아시나요?

힌트 know, get to

2 저 길로 두 블록쯤 내려가시면 돼요.

힌트 go down

3 얼마나 걸리는지 아세요?

힌트 how, take

4 아마 10분 안쪽일 거예요.

힌트 less

궁금증 해결은
다음 페이지에서 !

AMERICAN CULTURE

Yellow Cap

미국 뉴욕의 택시를 옐로우 캡(Yellow Cap)이라고 하는데요. 뉴욕을 배경으로 한 영화나 드라마에서 종종 등장해서 기억이 날 거예요. 뉴욕을 대표하는 교통수단이지만 기본 요금이 한국 택시의 2~3배 정도일 뿐 아니라 팁까지 지불하기 때문에 비용이 만만치 않습니다. 그래도 급할 때나 짐이 많을 때 타는 게 좋겠죠?

CORE SENTENCES

영어 표현에 관한 궁금증을 해결해 볼까요?

1

여기서 카네기홀 가는 길 아시나요?

Do you know how to get to Carnegie Hall from here?

'~에 가는 방법을 아시나요?'는 **Do you know how to get to ~?**를 써서 표현할 수 있어요. '여기서부터'라고 덧붙일 때는 뒤에 **from here**을 쓰지만 생략도 가능해요. 또는, **Excuse me**, can you tell me how to get to ~?를 써서 말하는 것도 가능한데요 이렇게 **Excuse me**를 앞에 붙여서 말하면 더 공손한 느낌을 줍니다.

Excuse me, can you tell me how to get to the closest subway station?
가까운 전철역에 가는 방법을 여쭤봐도 될까요?

2

저 길로 두 블록쯤 내려가시면 돼요.

You go down two blocks that way.

'두 블록 내려가세요'는 **go down**을 써서 **go down two blocks**이라고 해요. 반대로 '두 블록 올라가세요'는 **down** 대신에 **up**을 써서 **go up two blocks**이라고 하면 됩니다. '저쪽으로'는 **that way**라고 하면 되는데요. **that way**는 방향 말고도 '그와 같이, 그런 상태로'라는 뜻으로도 쓰여요.

Why does he behave that way?
왜 그 사람은 그렇게 행동하는 거예요?

길을 설명할 때 유용한 표현을 더 알아볼게요.
I go straight on that way, right?
그쪽으로 쭉 직진하면 되는 거죠, 그렇죠?

Turn left[right] at the next corner.
다음 코너에서 왼쪽[오른쪽]으로 도세요.

CORE SENTENCES

3

얼마나 걸리는지 아세요?

Do you know how long it might take?

'~을 아세요?'는 **Do you know~?**라고 합니다. '얼마나 오래 걸리나요?'는 **How long**을 써서 **How long might it take?**라고 하는데요. 조동사 **might**을 쓰면 '어느 정도~ 걸린다'라는 추측의 느낌이 있습니다. 이때 **how**절은 **know**의 목적어로 평서문 어순으로 쓰였어요. 이 표현은 길거리뿐 아니라 레스토랑에서 음식이 걸리는 시간을 물어볼 때 등 다양한 상황에서 사용할 수 있어요.

Do you know how long it will take?
= How long will it take?
= How long does it take?
얼마나 걸려요?

4

아마 10분 안쪽일 거예요.

Probably, less than 10 minutes.

'아마'라는 추측을 나타내는 말을 할 때 **probably**로 표현할 수 있어요. 이런 부사 하나만 잘 써도 원어민처럼 자연스럽게 말할 수 있어요. '10분 안쪽'이라는 말은 '10분이 덜 걸린다'는 의미이므로 **less than 10 minutes**로 표현하면 돼요. 그럼 10분 이상은 **more than 10 minutes**가 되겠죠? 이런 방식으로 연관 표현들을 연습하면 어휘를 늘리는데 도움이 됩니다.

It will take more than 10 minutes.
10 분 넘게 걸릴 거예요.

뉴요커 다희 씨가 길거리에서 나누는 대화 내용입니다. 앞에서 배웠던 표현을 확인해 보세요!

Dahee	Hi, sorry can I ask you a question?
Passer-by	Yes. Go ahead.
Dahee	**1** 여기서 카네기홀 가는 길 아시나요?
Passer-by	Yes. It's on 57th and 7th Ave. **2** 저 길로 두 블록쯤 내려가시면 돼요. **2 avenues that way and 2 blocks down.**
Dahee	OK, that way.
Passer-by	Yes, that way.
Dahee	OK. **3** 얼마나 걸리는지 아세요?
Passer-by	**4** 아마 10분 안쪽일 거예요. **Probably, around 5 to 7 minutes.**
Dahee	Thank you.
Passer-by	No problem. Have a good one.
Dahee	You, too.

다희	저기요, 죄송하지만 뭐 좀 여쭤봐도 될까요?
행인	네. 그러세요.
다희	**1** Do you know how to get to Carnegie Hall from here?
행인	네. 7번가와 57번가에 있어요. **2** So you go down 2 blocks that way. 저쪽으로 애비뉴 2개를 지나서 두 블록 내려가세요.
다희	네, 저쪽 방향으로요.
행인	네, 저쪽이요.
다희	알겠습니다. **3** Do you know how long it might take?
행인	**4** Probably, less than 10 minutes. 아마, 5분에서 7분 정도요.
다희	감사해요.
행인	뭘요. 좋은 하루 보내세요.
다희	좋은 하루 보내세요.

| WORDS |

ask a question 질문하다   Go ahead. 어서 하세요.   that way 저쪽으로, 그와 같이
No problem. 별 말씀을요.

36 ▶ 지하철 이용할 때

뉴요커 다희 씨는 지하철의 이동 통로를 걷고 있습니다. 지나가는 사람들과 어떤 대화를 나누는지 살펴볼까요?

? 영어로 어떻게 말할까요?

1 안녕하세요, 뭐 좀 여쭤봐도 될까요?

힌트 ask

2 지하철이 익숙하지 않아서요.

힌트 familiar

3 유니언 스퀘어 어떻게 가는지 아세요?

힌트 how to

4 다운타운 방향 열차 아무거나 타시면 돼요.

힌트 take

5 위층에 있는 녹색 라인을 타세요.

힌트 get, line

6 위층으로 가서 녹색 라인을 타는 게 나으실 거예요.

힌트 better off

궁금증 해결은
다음 페이지에서

 **CORE SENTENCES**

영어 표현에 관한 궁금증을 해결해 볼까요?

1

안녕하세요, 뭐 좀 여쭤봐도 될까요?
Hi, can I ask you a question?

모르는 사람한테 말을 걸 때도 항상 먼저 **Hi!**라고 인사부터 하는 거 이제는 익숙하죠? **Hi** 대신에 **Excuse me**를 쓸 수도 있습니다. 그리고 '뭐 좀 여쭤봐도 될까요?'는 허가를 구할 때 쓰는데 조동사 **Can**을 써서 **Can I ask you a question?**이라고 하면 됩니다. 좀더 공손하게 물어보고 싶다면 **Could**를 써서 말하면 됩니다.

Excuse me, can I ask you a favor?
실례지만, 부탁을 좀 드려도 될까요?

2

지하철이 익숙하지 않아서요.
I'm not really familiar with the subway system.

'~에 익숙하다'는 **be familiar with** 패턴을 써서 표현하는데요. 여기서는 부정문으로 '~에 익숙하지 않다'는 **be not familiar with**가 쓰였어요. 여기서 **really**는 정말 익숙하지 않다고 강조하는 느낌이 에요. 아래 빈칸에 단어를 바꿔가며 연습해 보세요.

I'm not really familiar with _____.

> **this town** 이 마을
> **this issue** 이 문제
> **this word** 이 단어

CORE SENTENCES

3

유니언 스퀘어 어떻게 가는지 아세요?

Do you know how to get to Union Square?

'~에 어떻게 가는지 아세요?'라고 물을 때 **Do you know how to get to ~?** 패턴을 이용해서 말할 수 있습니다. 아래 빈칸에 가고 싶은 곳을 넣어서 말해 보세요.

Do you know how to get to _____?

Times Square 타임 스퀘어
Statue of Liberty 자유의 여신상
Central Park 센트럴 파크

4

다운타운 방향 열차 아무거나 타시면 돼요.

Take anything downtown.

'버스, 지하철 등의 대중교통을 이용하다[타다]'라고 말할 때는 **take**를 씁니다.

Where can I take a bus to the Metropolitan Hotel?
메트로폴리탄 호텔에 가려면 어디서 버스를 타야 하나요?

anything는 '아무것이나', '뭐든'이라는 뜻으로 **take anything**은 '아무거나 타세요'라는 의미가 됩니다. 그럼 여기서 응용을 해볼까요? '뭐든 사'는 **buy anything**, '뭐든 먹어'는 **eat anything**이라고 하면 되겠네요. 이렇게 표현 하나를 이리저리 응용하다 보면 영어가 어느새 쉽게 느껴질 거예요.

I'm starving. I'll eat anything.
나 너무 배고파요. 그냥 뭐든 먹을래요.

위층에 있는 녹색 라인을 타세요.

Get the green line which is upstairs.

'버스나 지하철 등의 대중교통을 이용하다'는 **take**을 쓴다고 했는데요. 이 **take** 대신에 **get**을 쓸 수도 있어요. 그래서 '녹색 라인을 타세요'는 **get the green line**이라고 말할 수 있는데요. 여기서 **which**는 관계대명사로 앞에 나온 명사를 꾸며주는 형용사절을 이끌어요. **which is upstairs**는 **green line**을 꾸며주어서 '위층에 있는 녹색선'이라는 뜻이에요.

➕ 추가표현

영국에서는 '(전철을) 타다[내리다]'라고 할 때 **hop on[hop off]**이라는 표현을 씁니다. 같은 영어지만 이렇게 단어를 다르게 사용하는 경우가 종종 있습니다.

Hop on the subway and check it out!

지하철을 타고 확인해 보세요!

6

위층으로 가서 녹색 라인을 타는 게 나으실 거예요.

You're better off going upstairs and get the green line.

상대방에게 꼭 그래야 하는 것은 아니지만 '~하는 게 낫다'고 권유할 때 '**be better off+-ing**' 패턴을 쓸 수 있어요. 아래 빈칸에 상대방을 권유하는 말을 넣어 문장을 연습해보세요.

You're better off _____.

                  walking and exercising 걷고 운동하는 것
                  taking the train instead of driving 운전하는 것보다 열차를 타는 것
                  drinking warm water 따뜻한 물을 마시는 것

뉴요커 다희 씨가 지하철에서 나누는 대화 내용입니다. 앞에서 배웠던 표현을 확인해 보세요!

Dahee	**1** 안녕하세요, 뭐 좀 여쭤봐도 될까요? Do you know how to get to Union Square? I'm not really familiar with the subway system.
Passer-by 1	Oh... not really.
Dahee	You don't know how to get to Union Square?
Passer-by 1	No.
Dahee	OK. Thank you.
Dahee	Can I ask you a question?
Passer-by 2	Sure.
Dahee	**2** 지하철이 익숙하지 않아서요. **3** 유니언 스퀘어 어떻게 가는지 아세요?
Passer-by 2	Yeah, you wanna take this B, D train? Um... take it to downtown.
Dahee	Do I have to...
Passer-by 2	**4** 다운타운 방향 열차 아무거나 타시면 돼요
Dahee	Do I have to make a switch? Transfer?
Passer-by 2	No, but if you want to go to Union Square, if you don't want to transfer at all... **5** 위층에 있는 녹색 라인을 타세요.
Dahee	Oh, so if I take B, D, then I would have to transfer?
Passer-by 2	**6** 위층으로 가서 녹색 라인을 타는 게 나으실 거예요.
Dahee	Green line?
Passer-by 2	For downtown. All right?
Dahee	OK. Thank you so much.

다희	**1** Hi, can I ask you a question? 유니언 스퀘어에 어떻게 가는지 아시나요? 지하철이 익숙지 않아서요.
행인 1	아… 글쎄요.
다희	유니언 스퀘어 가는 길 모르세요?
행인 1	몰라요.
다희	네. 감사해요.
다희	뭐 좀 여쭤봐도 될까요?
행인 2	네.

다희	**2** I'm not really familiar with the subway system. **3** Do you know how to get to Union Square?
행인 2	네, B, D 열차를 타시려고요? 음, 다운타운으로 가는 거죠.
다희	제가…
행인 2	**4** Take anything downtown.
다희	갈아타야 하나요? 환승해야 해요?
행인 2	아뇨, 하지만 유니언 스퀘어에 가려면, 갈아타지 않고 가려면, **5** Get the green line which is upstairs.
다희	아, 그럼 B, D 열차를 타면 갈아타야 하겠네요?
행인 2	**6** You're better off going upstairs and get the green line.
다희	녹색 라인이요?
행인 2	다운타운 방향으로요. 아시겠죠?
다희	네. 정말 감사합니다.

| WORDS |

passer-by 통행인　　　**wanna** ~하는 것을 원하다('want to'의 구어체)　　　**make a switch** 갈아타다
transfer 환승하다

37

상대방에게 차를 태워달라고 부탁할 때

뉴요커 다희 씨는 친구와 길을 걷고 있습니다. 친구와 어떤 대화를 나누는지 살펴볼까요?

[?] 영어로 어떻게 말할까요?

1 그러게, 정말 끝내주네.
(힌트) beautiful

2 나 좀 태워줄 수 있어?
(힌트) give

3 내려줄게. 어디에 내려줄게.
(힌트) drop off.

4 아마 5분 이상 안 걸릴 거야.
(힌트) think, take

5 문제 없어, 내가 태워줄게.
(힌트) ride

6 네가 날 내려준다니 너무 좋아.
(힌트) glad

궁금증 해결은
다음 페이지에서 [!]

CORE SENTENCES

영어 표현에 관한 궁금증을 해결해 볼까요?

1

그러게, (날씨가) 정말 끝내주네.
I know, it's beautiful out.

'그러게, 내말이'하고 상대방이 한 말에 공감을 나타낼 때 **I know**를 써요. 여기서 '날씨가 정말 좋다'는 **it's beautiful out.**이라고 했는데요. 이와 비슷한 표현으로 **What a nice day today![What a beautiful day!]**도 많이 써요. 이 중 입에 붙은 표현으로 날씨가 좋을 때 직접 사용해 보세요.

It's beautiful out.
=What a nice day today!
=What a beautiful day!
날씨가 진짜 좋다.

2

나 좀 태워줄 수 있어?
Could you give me a ride somewhere?

'나 좀 태워줄 수 있어?'와 같이 부탁이나 요청을 할 때 **Could you~?**를 써서 **Could you give me a ride somewhere?**라고 할 수 있는데요. 구체적인 장소를 말할 때는 '**to**＋장소'라고 덧붙여 **Could you give me a ride to**＋장소?하고 하면 돼요.

Could you give me a ride to the station?
나 좀 역에 태워줄 수 있어?

3

내려 줄게, 어디에 내려줄까?

I'll drop you off. Where do you need?

'(차에 태워)~에 내려주다'는 **drop**＋사람＋**off**라고 해요. '어디에 내려줄까?'는 **Where do you need?**라고 했는데 **to drop you off**가 **need** 다음에 생략 되었다고 볼 수 있어요.

Can[May] I drop you off here?
여기서 내려줘도 될까요?

4

아마 5분 이상 안 걸릴 거야.

I don't think it should take more than 5 minutes.

'~가 아닐 거야' 하고 말할 때 **I think**의 부정문인 **I don't think**로 시작하면 돼요. '5분 이상 안 걸릴 거야'는 '시간이 걸리다'는 **take**을 써서 **I don't think it should take more than 5 minutes.**라고 하면 됩니다.

I don't think I can make it on time.
제 시간에 못 갈 거 같아요.

➕ 추가 표현

around은 '대략, 쯤'이라는 뜻으로 시간 앞에서 대략적인 시간을 나타낼 때 자주 쓰여요.
It's around 5 minutes driving[walking].
운전으로[걸어서] 5분쯤 걸려요.

5

문제 없어, 내가 태워줄게.

No problem, I'll give you a ride.

부탁이나 질문에 대해 '문제 없어' 하고 말할 때 **No problem!**이라고 시원하게 말하면 듣는 사람이 기분 좋겠죠.

give＋사람＋**a ride**는 '～를 태워주다'라는 뜻이에요.
Can you give me a ride to the subway station?
나를 지하철역까지 태워 줄 수 있어요?

'그렇게 하겠다'라는 의지를 나타낼 때 **I'll**을 쓰는데 **I will**의 축약형이에요.

6

네가 날 내려준다니 너무 좋아.

I'm glad that you're dropping me off.

'어떤 일이 너무 기쁘다'라고 할 때 **I'm glad (that) ~.** 패턴을 써서 말할 수 있어요. **that**은 생략이 가능해요. 아래 빈칸에 여러 표현으로 바꿔가면서 연습해 보세요.

I'm glad (that) _____.
         you're here 여기 있다
         you're happy with my work 당신이 내 일에 만족하다

are dropping은 현재진행형인데요, 가까운 미래에 일어나는 일은 **be -ing**형으로 표현할 수 있어요.
I am having a meeting with the sales team next Monday.
다음 월요일에 영업부와 회의를 할 거예요.

뉴요커 다희 씨가 친구와 나누는 대화 내용입니다. 앞에서 배웠던 표현을 확인해 보세요!

Dahee　Oh, my gosh, the weather is perfect today.

Friend　**1** 그러게, 정말 끝내주네.

Dahee　Yeah. Wait, did you drive here?

Friend　Yeah.

Dahee　**2** 나 좀 태워줄 수 있어?

Friend　Yes, **3** 응, 내려줄게. 어디에 내려줄까?

Dahee　I'm just going to the city, so just the subway station right up the block.

Friend　Oh, OK.

Dahee　**4** 아마 5분 이상 안 걸릴 거야.

Friend　**5** 문제 없어, 내가 태워줄게.

Dahee　I really really didn't want to walk. So **6** 네가 날 내려준다니 너무 좋아.

Friend　Even though it's so beautiful out.

Dahee　Yeah. Haha.

다희　우와, 오늘 날씨 정말 완벽하다.

친구　**1** I know, it's beautiful out.

다희　응. 잠깐, 너 여기 운전해서 왔어?

친구　응.

다희　**2** Could you give me a ride somewhere?

친구　응, **3** I'll drop you off. Where do you need?

다희　나 시내 쪽으로 가거든, 그래서 다음 블록 지하철역에 내려주면 돼.

친구　아, 알았어.

다희　**4** I don't think it should take more than 5 minutes.

친구　**5** No problem, I'll give you a ride.

다희　나 오늘 진짜 진짜 걷기 싫었거든. 그래서 **6** I'm glad that you're dropping me off.

친구　이렇게 날씨가 좋은데도 말이야.

다희　응. 하하.

| WORDS |

perfect 완벽한　　　right up the block 다음 블록　　　even though 비록 ~이지만

198

38

버스에서 목적지에 관해 물어볼 때

뉴요커 다희 씨는 버스에 올라타고 있습니다. 운전 기사님과 어떤 대화를 나누는지 살펴볼까요?

(?) 영어로 어떻게 말할까요?

1 록펠러 센터 방향인 업타운에 가려고 하는데요.

힌트 try, toward

2 어느 정류장에서 내리면 되나요?

힌트 station, get

3 49번가쯤에서 내려야 하는 걸로 아는데요.

힌트 suppose, around

4 몇 정거장이나 남았는지 아세요?

힌트 stop, leave

궁금증 해결은
다음 페이지에서 !

AMERICAN CULTURE

Stop Pull Cord

미국의 버스에는 우리나라처럼 벨이 없어요. 벨 대신에 노란색 플라스틱 줄이 있는데요. 이것을 Stop Pull Cord라고 해요. 뉴욕에서는 다음 정거장에서 하차한다는 신호로 버스에 설치된 노란색 줄을 당기면 기사님이 다음 정거장에서 정차해 주십니다.

CORE SENTENCES

영어 표현에 관한 궁금증을 해결해 볼까요?

1

록펠러 센터 방향인 업타운에 가려고 하는데요.

If I'm trying to go uptown towards the Rockefeller Center.

'~가려고 하는데요'는 **I'm trying to go ~.** 패턴을 써서 말할 수 있어요. 여기서 문장 맨 앞에 쓰인 **if**는 생략해도 돼요. '~에 간다'라고 할 때는 전치사 **to**를 쓰지만 '~쪽으로'라는 방향을 나타낼 때는 **towards**로 표현해요. **toward**는 미국식, **towards**는 영국식 영어인데요 어떤 것을 써도 무방합니다.

I'm trying to go to _____.

> **the Strand bookstore** 스트랜드 서점
> **the summer music festival** 여름 음악 축제
> **the Hudson river** 허드슨 강

2

어느 정류장에서 내리면 되나요?

Which station do I get off at?

'어느 정류장'은 **which** 의문사를 써서 **which station**으로 표현해요. **which**는 정해진 것들 중에서 고를 때 쓰고요, **what**은 정해져 있지 않은 것들 중에서 선택할 때 쓴답니다. 예를 들어, 버스를 탈 때 정류장은 정해져 있겠죠? 이렇게 정해진 어떤 것에서 고를 때는 **which**를 쓰면 돼요. '(버스, 지하철, 기차 등에서) 내리다'는 **get off at**이라고 하면 돼요. 보통은 '버스 정류장'은 **stop**, '지하철 역'은 **station** 으로 표현합니다.

➕ 추가 표현

길을 잘 찾지 못하는 길치는 아래와 같이 표현해요.
I have no sense of direction.
= I am terrible with direction.
제가 길치거든요.

3 **49가쯤에서 내려야 하는 걸로 아는데요.**

I know I'm supposed to get off around 49th Street.

'~하기로 되어 있다'는 **I'm supposed to ~.** 패턴을 써서 말하면 돼요. 또한 '49가쯤'은 '대략'이라는 의미의 부사 **around**를 써서 **around 49the Street**라고 하는데요, 이 **around**는 시간과 함께 쓰이기도 해요. 그래서 **around 10 years ago**는 '대략 10년전 쯤'이라는 의미입니다.

I'm supposed to _____.

> **meet Mr. Smith around five o'clock** 스미스 씨를 5시쯤에 만나다
> **leave next week** 다음 주에 떠나다

4 **몇 정거장이나 남았는지 아세요?**

Do you know about how many stops we have left?

'~에 대해서 아세요?'는 **Do you know about~?** 패턴으로 말할 수 있어요. '몇 정거장 남았어요?' 는 의문문이기 때문에 **How many stops do we have left?**라고 해야 맞는데요. 하지만 **about**의 목적어가 되면 '의문사+주어+동사'의 평서문 어순으로 바뀌어서 **Do you know about how many stops we have left?**으로 해야 맞습니다.

Do you know about _____?

> **how I feel** 내가 어떤 기분인지
> **how big this it** 이게 얼마나 큰지

뉴요커 다희 씨가 버스에서 나누는 대화 내용입니다. 앞에서 배웠던 표현을 확인해 보세요!

Dahee	Let's go.

(Situation #1)

Dahee	I have a question. **1** 록펠러 센터 방향인 업타운에 가려고 하는데요. Is this the right bus to be on?
Bus Driver	Yes. I'm going up that way.
Dahee	OK. Thank you.
Bus Driver	You're welcome.

(Situation #2)

Dahee	Excuse me, if I'm trying to go towards the Rockefeller Center. **2** 어느 정류장에서 내리면 되나요?
Passenger 1	49th Street.
Dahee	49th Street?
Passenger 1	Close to 49th Street.
Dahee	Close to 49th Street. Thank you.

(Situation #3)

Dahee	Excuse me, sir. It's my first time riding the bus. I'm trying to get to the Rockefeller Center, and **3** 49가쯤에서 내려야 하는 걸로 아는데요.
Passenger 2	Yes, 49th Street.
Dahee	**4** 몇 정거장이나 남았는지 아세요?
Passenger 2	I'm gonna get off at the same stop anyway, it's about 5 stops.
Dahee	Oh, you are? You're getting off at the same stop?
Passenger 2	Yes.
Dahee	OK. Will you…
Passenger 2	I'll let you know.
Dahee	Thank you.

(Situation #4)

Passenger 2	Next stop. OK?
Dahee	OK. Thank you. Thank you so much.

Passenger	After you.
Dahee	Thank you.

다희　가시죠.

(상황 #1)

다희　뭐 좀 여쭤볼게요. **1** If I'm trying to go uptown towards the Rockefeller Center. 이 버스 타면 되나요?

버스 기사　네. 그쪽으로 갑니다.

다희　네. 감사합니다.

버스 기사　천만에요.

(상황 #2)

다희　저기요, 제가 록펠러 센터를 가려고 하는데요. **2** Which station do I get off at?

승객　49가요.

다희　49가에서요?

승객　49가쯤이에요.

다희　49가 부근이요. 감사해요.

(상황 #3)

다희　실례합니다. 제가 이 버스가 처음이라서요. 록펠러 센터에 가려고 하는데, **3** I know I'm supposed to get off around 49th Street.

승객　네, 49가예요.

다희　**4** Do you know about how many stops we have left?

승객　제가 같은 데서 내리거든요, 어쨌든 5개 정도 남았어요.

다희　아 그러세요? 저랑 같은 정류장에서 내리세요?

승객　네.

다희　네. 그럼…

승객　알려드릴게요.

다희　감사합니다.

(상황 #4)

승객　다음이에요. 아시겠죠?

다희　네. 감사합니다. 정말 감사합니다.

승객　먼저 내리세요.

다희　감사합니다.

|WORDS|

ride (지하철이나 버스를) 타다　　　　　get ff 내리다　　　　　stop 정류장

39

택시 이용할 때 1
– 특정 거리를 경유할 때

뉴요커 다희 씨는 택시를 타고 어딘가로 가고 있습니다. 택시 기사님과 어떤 대화를 나누는지 살펴볼까요?

[?] 영어로 어떻게 말할까요?

1 **미국 자연사 박물관이요.**

[힌트] go to

2 **센트럴 파크를 가로질러서 가주실 수 있나요?**

[힌트] go through

3 **얼마나 걸릴지 아세요?**

[힌트] how, take

4 **이제 공원을 북쪽으로 가로질러 가려고요.**

[힌트] cross

궁금증 해결은
다음 페이지에서 [!]

AMERICAN CULTURE

미국에서 하지 말아야 할 행동 3가지

안전한 여행을 위해서는 그 나라에서 금기시 되는 행동에 대해서 미리 숙지하는 게 중요한데요. 3가지 미국 안전 여행 꿀팁을 살펴볼게요. 첫째, 미국에서는 경찰의 지시를 받아야 하는 경우 항의를 하면 현장 체포를 당하니 주의해야 합니다. 또한 손가락으로 가리키는 행동도 무례하게 받아들이니 하지 않도록 합니다. 마지막으로 택시를 탈 때에는 되도록 운전자 옆 좌석에 앉지 않는데요. 이곳은 운전자의 사적인 공간으로 여겨지기 때문입니다. 몇 가지 팁만 알고 있어도 훨씬 즐거운 여행을 할 수 있겠죠?

CORE SENTENCES

영어 표현에 관한 궁금증을 해결해 볼까요?

1

미국 자연사 박물관으로 가주시겠어요?

Can we go to the American Museum of Natural History?

택시에 타서 목적지를 얘기할 때 '~로 가주시겠어요?'는 **Can we go to**+장소**?** 패턴을 써서 말하면
돼요. 아래 빈칸에 여러 장소를 넣어서 연습해 보세요.

Can we go to _____**?**

         the World Trade Center 세계 무역 센터

         the Empire State Building 엠파이어 스테이트 빌딩

이와 비슷한 표현으로 '~를 …에 데려간다'는 '**take**+사람+**to**+장소'가 있어요.

Please, take me to the Brooklyn Bridge?

브루클린 브릿지로 가주시겠어요?

Could you take me to Union Square?

유니온 스퀘어로 가주시겠어요?

2

센트럴 파크를 가로질러서 가주실 수 있나요?

Is it possible to go through Central Park on your way?

'~로 가로질러서 가주시겠어요?'는 **Is it possible to go through~?**의 패턴을 씁니다. 간단히 '빠
른 길로 가주세요.'라고 말할 때는 **Please take the fastest route.**을 씁니다. **on your way**는 '~
로 가는 길에'라는 의미예요.

3

얼마나 걸릴지 아세요?

Do you know about how long it might take?

Do you know about은 '~을 아세요?'라는 의미예요. **How long it might take?**은 '얼마나 걸릴까요?'라는 뜻으로 **about**의 목적어로 쓰였어요. 이렇게 의문문이 목적어가 되면 '의문사＋주어＋동사'의 평서문 어순이 돼요.

➕ 추가 표현

목적지에 다 왔는지 물을 때 간단히 아래와 같이 말할 수 있어요.

Are we almost there?
거의 다 왔나요?

4

이제 공원의 북쪽으로 가로질러 가려고요. 센트럴 파크요.

We're gonna cross now the park. The Central Park.

'~을 가로질러 가려고 해요'는 **We're gonna cross~**을 써서 표현하시면 돼요. **gonna**은 미래를 나타내는 **going to**의 구어적인 표현이에요.

We're gonna cross the Golden Gate Bridge.
우리는 오늘 금문교를 가로질러 가려고요.

cross는 '~를 가로질러서'라는 뜻으로 다음에 가로지르는 장소를 넣으시면 돼요.

I walked cross the park.
나는 공원을 가로질러서 걸었다.

뉴요커 다희 씨와 택시 기사의 대화 내용입니다. 앞에서 배웠던 표현을 확인해 보세요!

Dahee	**1** 미국 자연사 박물관이요.
Taxi Driver	Sure.
Dahee	And, um… **2** 센트럴 파크를 가로질러서 가주실 수 있나요?
Taxi Driver	Yeah, I have to, actually.
Dahee	Go through? Central park? OK. **3** 얼마나 걸릴지 아세요?
Taxi Driver	Depends on the traffic. Maybe ten minutes?
Dahee	Ten minutes? OK.
Taxi Driver	**4** 이제 북쪽 센트럴 파크를 가로질러 가겠습니다.
Dahee	OK, OK.

다희	**1** Can we go to the American Museum of Natural History?
택시 기사	네.
다희	그리고, 음… **2** Is it possible to go through Central Park on your way?
택시 기사	네, 사실 그 길로 가야 해요.
다희	가로지를 수 있어요? 센트럴 파크를요? 네. **3** Do you know about how long it might take?
택시 기사	교통 상황에 달려 있죠. 아마 10분쯤이요?
다희	10분이요? 알겠습니다.
택시 기사	**4** We're gonna cross now the park. The Central Park.
다희	네, 좋아요.

| WORDS |

have to ~해야 한다   **depend on** ~에 달려 있다

40

택시 이용할 때 2
– 계산할 때

뉴요커 다희 씨가 택시에서 내리려고 하고 있습니다. 택시 기사님과 어떤 대화를 나누는지 살펴볼까요?

[?] 영어로 어떻게 말할까요?

1 혹시 100달러 내면 거슬러 주실 수 있나요?
[힌트] chance, change

2 여기요.
[힌트] you

3 이 다음 길 코너에서 내려 주시겠어요?
[힌트] pull off

4 박물관 앞 건너편에 내려 주시겠어요?
[힌트] drop off

궁금증 해결은
다음 페이지에서 [!]

AMERICAN CULTURE

Uber(우버)

미국에는 옐로우 캡(Yellow Cap) 이외에도 어플 '우버'로 편리하게 이용하는 택시 서비스가 있는데요. 미리 출발지와 도착지를 정한 뒤 택시를 부르는 시스템으로 비용도 저렴한 편이에요. 서로 신분이 확인이 된 상태에서 이용하는 것이라 생각보다 안전합니다. 택시 배정 후 2분이 지난 후에 취소하면 수수료가 부과되니 주의하세요.

CORE SENTENCES

영어 표현에 관한 궁금증을 해결해 볼까요?

1

혹시 100달러 내면 거슬러 주실 수 있나요?

Do you by chance have change for a hundred-dollar bill?

고액권을 잔돈으로 거슬러 주실 수 있는지 물을 때 **Do you have change for~?**를 써서 표현할 수 있어요. **by chance**은 '혹시'라는 의미인데 생략해도 괜찮습니다. '100달러 지폐를'은 전치사 **for**를 써서 **for a hundred-dollar bill**이라고 합니다.

2

여기요.

Here you go.

돈이나 물건을 건네면서 '여기 있어요'라고 말할 때 **Here you go.** 혹은 **Here you are.**라고 합니다.

➕ 추가표현

택시를 탈 때 많이 쓰는 표현을 더 살펴볼까요?

Please keep the change.
잔돈은 됐습니다.

Could I have a receipt?
영수증 좀 주시겠어요?

Please step on it.
빨리 좀 가주세요.

3

이 다음 길 코너에서 내려 주시겠어요?

Could you pull off at the corner over, on, this next street?

'~에서 내려 주시겠어요?'는 **Could you pull off at~?**를 써서 표현합니다. 여기서 **pull off**는 '차를 세워주다'라는 뜻이에요. 이와 비슷한 표현으로 **pull over**가 있습니다. 내려달라고 할 때 좀더 간단히 말할 수 있는 표현은 다음과 같습니다.

I'm good here.
= Right about here is good.
= Please pull over here.
여기서 세워주세요.

Could you pull off at the next station?
다음 역에서 내려 주시겠어요?

4

박물관 앞 건너편에 내려 주시겠어요?

Could you drop me off across the street from the museum?

'~에서 내려 주시겠어요?'는 **Could you drop me off~?**를 써서 말할 수 있습니다. 경찰이 차를 세우라고 할 때 바로 **pull over**를 쓰거든요. 그래서 이 표현은 딱딱한 느낌이 있고요. **drop off**가 좀더 부드럽게 들립니다.

Could you drop me off at the city hall?
시청에서 내려 주시겠어요?

across는 '~건너편에'라는 뜻으로 '길 건너편에'는 **across the street**로 표현해요.

뉴요커 다희 씨와 택시 기사의 대화 내용입니다. 앞에서 배웠던 표현을 확인해 보세요!

Dahee	How much?
Taxi Driver	$12.80.
Dahee	Um, I have a card but… ➊ 혹시 100달러 내면 거슬러 주실 수 있나요?
Taxi Driver	I don't know. Maybe? Yeah, I have.
Dahee	You do? OK.
Taxi Driver	Here's your change.
Dahee	Thank you. ➋ 여기요.
Taxi Driver	Thank you so much.
Dahee	Thank you.
Taxi Driver	You're welcome. Bye, bye.
Dahee	➌ 이 다음 길 코너에서 내려 주시겠어요?
	➍ 박물관 앞 건너편에 내려 주시겠어요?

다희	얼마예요?
택시 기사	12달러 80센트입니다.
다희	음, 제가 카드가 있긴 한데… ➊ Do you by chance have change for a hundred-dollar bill?
택시 기사	글쎄요. 아마도요? 네, 있네요.
다희	있으세요? 네.
택시 기사	여기 잔돈이요.
다희	감사해요. ➋ Here you go.
택시 기사	감사합니다.
다희	감사합니다.
택시 기사	천만에요. 안녕히 가세요.

(택시에서 내려서, 다희가 내려달라는 표현을 설명하면서)

다희	➌ Could you pull off at the corner over, on, this next street?
	➍ Could you drop me off across the street from the museum?

| WORDS |

change 거스름돈

Good Job, everyone! See you next book.